加拿大政策发展报告

Canada's Policy Development Report

（2023—2024）

主　编　刘　琛
副主编　刘克东　王　鲲

北京语言大学出版社
BEIJING LANGUAGE AND CULTURE UNIVERSITY PRESS

图书在版编目（CIP）数据

加拿大政策发展报告 ： 2023—2024 / 刘琛主编 ； 刘克东， 王鲲副主编. -- 北京 ： 北京语言大学出版社， 2024. 12. -- ISBN 978-7-5619-6748-5

Ⅰ. D771.122

中国国家版本馆 CIP 数据核字第 2025GS4726 号

加拿大政策发展报告（2023—2024）

JIANADA ZHENGCE FAZHAN BAOGAO（2023—2024）

排版制作：北京创艺涵文化发展有限公司
责任印制：周 燚

出版发行：北京语言大学出版社
社　　址：北京市海淀区学院路 15 号，100083
网　　址：www.blcup.com
电子信箱：service@blcup.com
电　　话：编 辑 部　8610-82303390
　　　　　国内发行　8610-82303650/3591/3648
　　　　　海外发行　8610-82303365/3080/3668
　　　　　北语书店　8610-82303653
　　　　　网购咨询　8610-82303908
印　　刷：北京富资园科技发展有限公司

版　　次：2024 年 12 月第 1 版　　印　　次：2024 年 12 月第 1 次印刷
开　　本：710 毫米 × 1000 毫米　1/16　　印　　张：15
字　　数：227 千字
定　　价：65.00 元

PRINTED IN CHINA

序　　言

加拿大是率先与新中国建立正式外交关系的西方国家之一，也是最早与中国开展访问学者交流项目的国家。自中加建交以来，两国在很多领域的合作都取得了令人瞩目的成果。这些成果不仅惠及两国人民，也为全球发展与国际合作注入了活力，贡献了力量。

中加关系健康稳定发展是宝贵的历史财富。20 世纪 70 年代初，中加两国老一辈政治家凭借宽广的视野、卓越的智慧和不懈的努力，克服重重困难开创了中加关系的新纪元，顺应了历史潮流。1973 年，时任加拿大总理皮埃尔·特鲁多（Pierre Trudeau）访华时，周恩来总理就指出："中加两国尽管社会制度不同，但是我们双方都同意这样的原则：世界各国不论大、小、强、弱，都应该平等相待，互相尊重，使各国的独立主权得到维护，民族经济得到发展。"特鲁多总理访华回国后，在众议院发表讲话时表示："在我的理念中，对一个国家的伟大之处的衡量，不在于军事，而在于这个国家对个人福利、个人尊严和个人成就感的重要性的承认。"他特别强调了在中国发生的将人类生活的基本福祉扩大到数千年来被剥夺的千百万人中去的重大意义。这些具有前瞻性的思想和观点，有力地推动了中加关系的发展。

当前，全球化进程举步维艰，压力与挑战不断涌现。在不确定性和不稳定性愈加突出的新形势下，世界各国更应继续秉持互尊互信、平等相待、开放包容、合作共赢的理念，面向未来，加强合作。

加拿大在综合治理方面成果丰富，在多个重要指标的国际排名中成绩斐然。因此，推进和深化加拿大研究具有重要的意义和价值。为此，教育部区域和国别研究培育基地——北京外国语大学加拿大研究中心，通过广泛调研、深入讨论，编写了《加拿大政策发展报告》。该报告自2015年起正式出版，每年一期，选题围绕时下治理改革的重点问题，尤其是中加关系建设的突出议题，从不同学科视角开展研究，为政府、学术界、企业以及其他领域的读者提供了有价值的学术见解，为促进中加人文交流做出了积极贡献。

北京外国语大学加拿大研究中心成立于20世纪80年代，是中国最早专注于加拿大研究和相关人才培养的学术机构。2012年，中心首批入选教育部42家区域和国别研究基地。在教育部、北京外国语大学和英语学院的指导下，经过全体成员的共同努力，中心紧密围绕国家战略需求，对标国际一流大学，明确研究方向，在学科建设、科学研究、人才培养、社会服务和国际合作等方面取得了显著成绩。中心承担了国家社会科学基金重大项目、国家社会科学基金项目等国家级项目，同时还承担了教育部、文化和旅游部、外交部、国家发展和改革委员会、国务院侨务办公室等多项省部级项目，以及北京市等地方项目，研究成果获得了多方的高度肯定。中心教师的著作、论文获得了多项国内外奖项。多位教师入选“教育部新世纪优秀人才支持计划”“北京市‘四个一批’人才培养工程”“北京市宣传文化系统高层次人才培养资助项目”“北京外国语大学卓越学术带头人计划”等。在国际合作方面，中心与加拿大多伦多大学、麦吉尔大学、不列颠哥伦比亚大学、卡尔加里大学、维多利亚大学等多所知名高校建立了合作关系，同时与美国哈佛大学、康奈尔大学、布朗大学、罗格斯大学，荷兰莱顿大学，英国伦敦政治经济学院等世界一流大学开展了学术交流。

为推进中加人文交流，中心付出了诸多努力，举办了“中加研究学生国际论坛”“北外–哈佛论坛”“中加跨文化书友会”等多个重要学术会议，并发布了多项研究报告。这些创新性成果反响热烈，产生了良好的社会效应。

展望未来，中加两国更要继续深化了解，增进互信。中华文化历来秉持开放包容的精神：从两千多年前儒家倡导的“四海之内皆兄弟”“己所不欲勿施于人”“三人行必有我师”等理念，到20世纪90年代费孝通先生提出的“各美其美，美人之美，美美与共，天下大同”的思想，再到当代中国倡导并践行的“人类命运共同体”理念，世界可以清晰地看到，包容、合作与进步是中华文化一以贯之的精神内核。习近平主席在世界经济论坛2017年年会开幕式上发表的主旨演讲中倡议“共担时代责任，共促全球发展”。在全球化步入新的历史阶段之际，愿中加两国学者能够加强合作，希望北京外国语大学加拿大研究中心充分发挥积极作用，为推动中加人文交流做出更大贡献，祝愿《加拿大政策发展报告》越办越好！

卢树民

中国前驻加拿大大使

中国人民外交学会前党组书记、常务副会长

目　录

Contents

特别推荐

2023—2024 中加关系回顾

刘琛 ①

2023 年至 2024 年，中加关系在经历困难与曲折的同时，也在双方的共同努力下保持了接触与对话，并在经贸、旅游、气候变化、环保、人文交流、禁毒等领域取得了一系列成果。值得一提的是，2023 年是“中加学者交换项目”设立 50 周年，中加两国都举行了纪念活动。自 1973 年设立“中加学者交换项目”以来，中加两国已有 1100 多名学生和学者赴对方国家学习或研修②。该项目是两国启动时间最早、持续时间最长、影响最大、层次最高的政府间人才培养和学者交流项目，是中加合作和人文交流的重要桥梁和纽带。2024 年 7 月 19 日，中共中央政治局委员、外交部部长王毅在北京同加拿大外长梅拉妮·乔利举行会谈。这是过去七年来，加拿大外长首次访华。在会谈中，王毅指出：“中加之间不存在根本利害冲突，两国人民有着悠久的友好交往。中加关系曾长期走在中国同西方国家关系前列。作为在亚太地区有重要影响的两个大国，双方有着广泛共同利益和互补优势，维护好、发展好双边关系，符合两

---

① 刘琛，北京外国语大学教授，北京外国语大学加拿大研究中心主任。

② 中华人民共和国外交部. 驻加拿大大使丛培武出席“中加学者交换项目”50 周年纪念活动[EB/OL].(2023-11-28)[2024-07-10]. https://www.fmprc.gov.cn/zwbd_673032/gzhd_673042/202312/t20231201_11193074.shtml.

国和两国人民的根本利益。”[①]

在经济领域，中国国家统计局的统计数据显示，2023 年，中国同加拿大进出口总额约为 890 亿美元，较 2022 年的 955 亿美元减少了 65 亿美元[②]。联合国国际贸易商品数据库的数据显示，2023 年，中国同加拿大进出口总额约为 886 亿美元，较 2022 年的 989 亿美元减少了 103 亿美元[③]。

从两国贸易的主要产品与出口额占比情况来看，两国的经济结构仍然保持着显著的互补优势。具体数据参见表 1 和表 2。

表 1　2023 年加拿大对中国出口的主要产品及占比情况

（总出口额：约 47 亿美元）

加拿大对中国出口的主要产品	金额（亿美元）	占比（%）
粗材料（不能食用，燃料除外）	0.017	0.04
食品和活畜	7.6	16.16
矿物燃料、润滑剂和相关材料	24.02	51.08
机械和运输设备	4.6	9.78
化学品及有关产品	8.6	18.29
动物和植物油、油脂和蜡	1.6	3.39
杂项制品	0.5	1.05
饮料和烟草	0.1	0.22

注：数据来源联合国国际商品贸易数据库（UN Comtrade Database），https://comtrade.un.org/data/。

① 中华人民共和国外交部. 王毅同加拿大外长乔利会谈 [EB/OL].（2024-07-19）[2024-08-02]. https://www.fmprc.gov.cn/web/wjbzhd/202407/t20240719_11457071.shtml.

② 国家统计局. 中国同加拿大进出口总额（万美元）[EB/OL].（2024-03-21）[2024-08-14]. https://data.stats.gov.cn/easyquery.htm?cn=C01&zb=A06050105&sj=2023.

③ UN Comtrade Database. Trade Data[EB/OL]. (2024-04-03) [2024-08-14]. https://comtradeplus.un.org/TradeFlow?Frequency=A&Flows=all&CommodityCodes=TOTAL&Partners=156&Reporters=124&period=2022&AggregateBy=none&BreakdownMode=plus.

表 2　2023 年加拿大从中国进口的主要产品及占比情况

（总进口额：约 160 亿美元）

加拿大从中国进口的主要产品	金额（亿美元）	占比（%）
通信设备、录音及音响设备	79.58	49.61
办公设备	0.66	0.41
杂项制品	3.89	2.42
其他电器设备及其零部件	3.32	2.07
金属制品	2.92	1.82
服装及衣服配件	1.59	0.99
一般工业机械、通用设备及其零部件	0.32	0.2
家具及其零部件、床上用品	31.06	19.36
车辆	36.53	22.77
纺织纱线、织物及制成品	0.56	0.35

注：数据来源联合国国际商品贸易数据库（UN Comtrade Database），https://comtrade.un.org/data/。

基于对上述主要经济指标的分析，可以得出以下结论：与去年相比，2023 年中加两国经济交往的基础依然比较稳固，互补性特征显著，合作呈现出全方位、跨领域、多元化等特征。然而，两国经贸关系的稳定发展也面临新的挑战。例如，2024 年 8 月，加拿大总工会提议，加拿大联邦政府应对所有中国制造的电动汽车、电动汽车电池及其他零部件加征关税，这无疑给中加的经贸发展增加了不确定性。面对成就与挑战并存的局面，中加两国需要秉持互惠互利和相互尊重的原则，积极探索符合两国人民根本利益、面向未来的经贸合作规则。

在文化交流领域，2023 年至 2024 年，中加两国的民间人文交流在多方的共同努力下，发挥了重要的桥梁和纽带作用。白求恩是中加友好的象征，2024 年恰逢白求恩逝世 85 周年，为纪念白求恩，两国人民举行了一系列活动，进一步加深了两国人民之间的情感联系。中国人民抗日战争纪念馆于 2024 年 4 月 25 日至 5 月 25 日举办了“追寻英雄的足迹——白求恩生平事迹图片展”，并组织中加两国的民间团体开展交流活动，共同致力于传承白求恩精神，为两国关系的持续发展贡献力量。2024 年 7 月 23 日，加拿大白求恩医学发展协会会长在与中国驻加拿大大使王镝的座谈会上表示，将继续传承和弘扬白求恩精神，致力于深化中加两国在医学领域的合作。同年 8 月，该协会举办了纪念白求恩逝世 85 周年“重走白求恩路——青海行”筹款晚会，吸引了加拿大各界 300 余名人士参与。加拿大白求恩协会会长约翰·杜卡斯出席晚会并致辞，表示协会未来将组织更多加拿大医疗界人士前往中国，进一步促进两国民间的交流与合作①。

在教育与文化领域，2023 年，第二十二届“汉语桥”世界大学生中文比赛渥太华首都分赛区比赛在渥太华大学成功举办。中国驻加拿大使馆教育处代表和渥太华大学现代语言与文学系主任阿班托教授出席比赛并分别致辞。阿班托教授对参赛学生展现出的活力与风采表示高度赞赏，他鼓励同学们学好中文，促进校园多元文化的交流与融合②。2024 年 8 月，加拿大曼尼托巴省首府温尼伯市举行了年度文化盛事——温尼伯民风节。本届温尼伯民风节中国馆在温尼伯中华文化中心开馆，吸引了不少当地民众前往体验和欣赏中国文化。

在经贸科技合作领域，2023 年 4 月 25 日，加中贸易理事会和中国吉林省商务厅在多伦多联合举办了“2023 年吉林–加拿大商务对接与信息交流会”。双方围绕生物科技、医药科技以及汽车零部件等领域的合作进行了探讨。2024 年 1 月，首届中国国际供应链促进博览会加拿大参展（参会）企业总结交流会在多伦多举行，会

① 中华人民共和国外交部. 驻温哥华总领事杨舒会见加拿大白求恩协会会长杜卡斯 [EB/OL].（2024-08-05）[2024-08-12]. https://www.fmprc.gov.cn/zwbd_673032/gzhd_673042/202408/t20240807_11467345.shtml.

② 中华人民共和国驻加拿大大使馆. 第二十二届“汉语桥”世界大学生中文比赛渥太华首都分赛区比赛在渥太华大学成功举办 [EB/OL].（2023-04-10）[2024-07-10]. http://ca.china-embassy.gov.cn/zjwl/202304/t20230411_11057150.htm.

议采用了线上线下相结合的形式。与会企业纷纷表示，大家的未来相互交织，应进一步加强两地企业间和两地间的经贸与文化交流合作[①]。同年5月，中国广东省的加中生物科技（中国）健康医药研发制造项目主体结构全面封顶，该项目由加拿大知名医药企业阳光之宝集团投资建设，总投资额达五亿元人民币。该项目未来将聚焦生命科学与生物技术产业，涵盖医药原材料研发生产、保健食品研发生产和销售等业务。

通过分析2023年至2024年中加两国在经贸和人文交流等方面的情况，可以得出以下结论：中加两国关系深受国际环境的影响，探索具有独立性、建设性和开创性的中加关系发展原则与实施措施是关键。值得注意的是，当今世界正面临多重分歧，由此引发或加剧的“危机”“对峙”“破裂”等问题给全球治理带来了极大的挑战。在这一时代背景下，团结成为国际社会的共同期待。联合国秘书长安东尼奥·古特雷斯称2024年是“需要建立信任的一年”。在世界处于十字路口、亟待重建信任、点燃希望的历史关头，深化中加友好交流，探索新时代背景下面向未来的可持续发展所依托的国际合作规则、机制与实施策略，是中加两国为弥合分歧、凝聚国际共识所应做出的积极贡献和应承担的历史担当。

在这一背景下，加强学术研究与合作具有相当重要的意义。自2015年首部《加拿大政策发展报告》出版以来，研究团队始终坚持以“国际视野”为导向，通过“比较研究”的方法，从更加丰富和全面的视角，深入探讨关于加拿大的重点研究问题。基于这样的理念，《加拿大政策发展报告（2023—2024）》设定了六个专题，分别是“特别推荐”“加拿大环境政策研究”“加拿大外交政策研究”“加拿大传媒研究”“加拿大文学、文化与教育研究”和“中加、中法关

---

① 中国国际贸易促进委员会. 首届链博会加拿大参展（参会）企业总结交流会成功举办［EB/OL］.（2024-01-11）［2024-07-10］. https://www.ccpit.org/canada/a/20240111/20240111f6e5.html.

系研究”。

在 2024 年 7 月中加两国外长的会晤中，双方总结了两国可以广泛开展合作的重点领域。其中，共同应对气候变化是一个重要共识。因此，“加拿大环境政策研究”专题选取了两篇相关学术成果，分别是《“双碳”目标下加拿大促进绿色低碳技术发展的政策研究》和《全球变局下的中加气候变化合作前景》，从中国和加拿大的视角进行分析。

“加拿大外交政策研究”专题选取了三篇文章。第一篇文章《战略竞合态势下中国企业出海经营之道》由加拿大汇策智库的田野与杨逸凡共同完成，基于中国企业在美投资的风险管理实践，为加拿大企业的国际化经营提供了借鉴；第二篇文章《加拿大与法国留学生政策比较研究》的作者是青海民族大学的井越，她的研究重点是加拿大的教育国际交流政策；第三篇文章《从法国骚乱及移民问题政治化反观加拿大移民政策》由中国人民大学中法学院的杨燕萍和北京外国语大学的王鲲共同完成，文章采用国别比较的方法，从社会影响的角度出发，对自 2023 年以来不断做出重要调整的加拿大移民政策做出了评价。

“加拿大传媒研究”专题选取了两篇文章。第一篇是由吉林大学刘鸣筝与王湛清共同完成的《国际社交媒体上加拿大形象的意见–情感特征与平台差异分析》，深入剖析了国际社交媒体在塑造加拿大形象方面的作用；第二篇是由吉林大学刘鸣筝与荀晓萌共同完成的《跨越壁垒：美国国家地理频道的科学纪录片在 B 站上的跨文化传播》，旨在为加拿大纪录片的国际传播提供有益参考。

“加拿大文学、文化与教育研究”专题聚焦加拿大的“根基”与“底座”，从文学、文化和教育的角度对加拿大进行介绍。本专题选取了五篇文章。第一篇文章《解读〈皮草女王之吻〉中的主人公身份建构》的作者是哈尔滨工业大学的刘克东教授与王怡然。《皮草女王之吻》是加拿大克里族作家汤姆森·海威的作品，汤姆森·海威曾荣获加拿大戏剧写作奖、加拿大勋章和原住民艺术成就奖等重要国家奖项。第二篇文章《〈猫眼〉中的隐性暴力与成长困境》的作者袁霞教授来自南京师范大学。《猫眼》这部小说以二十世纪四五十年代的加拿大为背景，探讨了女孩儿们的成长困境。第三篇文章《〈艾米莉·蒙塔古往事录〉中的多重对话性》的作者是北京大学的丁林棚教授，他的研究关注了加拿大文学创作中的性别对话与文化对话。刘克东教授、袁霞教授与丁林棚教授都是深耕加拿大文化研究多年的知名学者，他们的研究在中加文学与文化领域深受肯定。第四篇文章《对安大略省原住民教育政策的批判性话语分析》的作者是北京外国语大学的樊鑫茹，她通过批判性话语分析的方法，探讨了安大略省原住民教育政策框架中权力动态的复杂性。樊鑫茹是加拿大研究的青年学者，她的研究也得到了加拿大学者的充分肯定。第五篇文章《中国古典文化要旨与翻译中国之愿景》的作者是外交学院的武波教授，他的研究从中国传统文化外译的角度出发，为推动中加人文交流提供了一个有益的视角。

“中加、中法关系研究”专题是自 2015 年首部《加拿大政策发展报告》出版以来持续关注的主题之一。本专题具有特殊的背景和研究意义。从历史脉络来看，加拿大是一个以英、法两大族裔为主体的联邦国家，法国文化在加拿大历史和现今社会中占有重要地位。正如本尼迪克特·安德森在 *Imagined Communities: Reflections on origin and spread of nationalism*①（中文译为《想象的共同体：民族主义的源起与散布》）中强调的：构成一个民族“共同体”的最主要的因素是语言。加拿大拥有英语和法语两种官方语言，这种语言政策反映了法国研究对于加拿大研究的重要性。此外，2024 年正值中法建交 60 周年，这一时间节点为中加关系研究提供了新视角。因此，本专题选取了两篇文章，一篇是由北京外国语大学加拿大研

① Benedict Anderson. Imagined Communities: Reflections on origin and spread of nationalism[M]. London: Verso, 2016.

究中心客座研究员枫一撰写的《风云变幻中的世界新格局对中加关系的机遇和挑战》，另一篇是由北京外国语大学王鲲教授撰写的《风雨兼程六十载——中法关系的回顾与展望》。两篇文章均从历史的视角分析现状，展望未来，资料翔实，观点深邃。

作为主编，我在每年的报告里都会强调，尽管中加两国社会制度不同，但在共同应对气候变化和推动绿色发展等紧迫的全球性议题上，两国拥有广阔的合作发展空间。我期待中加关系能够继续朝着稳定、健康的方向发展。

《加拿大政策发展报告（2023—2024）》是北京外国语大学加拿大研究中心自 2015 年以来出版的第八部关于加拿大政策研究的年度报告。本报告的出版得到了教育部国际司，北京外国语大学科研处、英语学院，中国加拿大研究会，以及《民族学刊》（CSSCI）和《民族艺术研究》（CSSCI 扩展版）的大力支持。在此，也要特别感谢山西大学、青海民族大学的学术支持，感谢加拿大驻华使馆提供的帮助。

在各方的共同努力下，该系列报告不断取得标志性成果。自《2017 加拿大政策发展报告》起，加拿大著名大学多伦多大学图书馆正式收藏了本系列报告。《2018—2019 加拿大政策发展报告》和《2021—2022 加拿大政策发展报告》获得了加拿大政府颁发的“中国加拿大研究奖”。在此，我们衷心感谢中加两国关注和支持这份报告的各界人士。

在报告即将付梓之际，再次对北京外国语大学王定华书记、贾文键校长、英语学院殷悦书记、张剑院长的支持表示感谢，对本次报告的副主编刘克东教授和王鲲教授的辛苦付出表示感谢，对诸位作者的努力与合作表示感谢，对本书责任编辑的辛苦工作和大力支持表示感谢。同时，也期待读者们不吝赐教，帮助我们进一步提高研究水平。

2024 年 8 月 15 日

第一章

加拿大环境
政策研究

“双碳”目标下加拿大促进绿色低碳技术发展的政策研究

刘琛[①]　张锦辉[②]

摘要：联合国指出，当今世界正面临三大严峻挑战：气候变化加剧、生物多样性锐减与自然生态系统退化、日益严重的污染与资源浪费。在此背景下，推动绿色发展，构建清洁、健康、可持续的生态环境已成为关乎全人类共同福祉的战略选择。为实现这一目标，世界各国都在积极行动。其中，加拿大作为环境治理的先行者，其政策实践具有重要的参考价值。本文聚焦加拿大促进绿色低碳技术发展的政策体系，通过历史分析、政策分析和案例分析，梳理相关政策的发展脉络，并对其中可资借鉴的理念与实施方法进行分析。

关键词：“双碳”；绿色低碳；科技革命；技术发展

工业革命、科技革命和能源革命是人们顺应科技进步的必然结果，而“双碳”目标的提出，正是人们通过总结历次工业、科技、能源革命的经验，主动推动社会文明向更高阶形态转型的重要体现。绿色低碳技术是实现“双碳”目标的基础和关键。为达成

---

① 刘琛，北京外国语大学教授，北京外国语大学加拿大研究中心主任。

② 张锦辉，德州学院外国语学院教授。

"双碳"目标，加拿大运用多种政策手段，推动绿色低碳技术快速发展。

一、加拿大环境保护政策的历史回顾

加拿大的节能减排、可再生能源开发利用和环境保护的历史，可以追溯到20世纪60年代。西方国家在经历了短期的经济重建后，受低能源价格因素的影响，经济很快进入高速发展阶段，能源需求不断增加。这一时期，加拿大拥有丰富的油气资源，其能源政策聚焦于满足市场需求的能源开发。20世纪70年代至80年代初，中东石油战争爆发，带来能源价格的上涨，最终导致1975年世界经济危机的出现和此后西方世界的经济滞胀。加拿大的能源政策重点转向保障国家能源安全方面。20世纪80年代中期后，新兴市场国家的兴起以及新古典主义的诞生，使得加拿大关注起能源市场的繁荣。20世纪90年代，随着世界环境保护运动的蓬勃发展，加拿大将目光投向环境保护领域，强调节能减排，致力于可再生能源、清洁能源的开发利用以及生态环境的保护工作。

1993年，加拿大出台了《加拿大节能法》，赋予联邦政府制定和执行有关节能措施、寻找替代能源的权力。为了指导公众提高在家庭、工作和交通等方面的能源使用效率，1998年，加拿大自然资源部（Natural Resources Canada, NRCan）成立了节能办公室。除了制定一系列环保节能标准和规定外，加拿大政府也在氢能、太阳能、地热能、海洋能、风能和生物能等可再生能源和新能源的使用上出台了相应的支持和激励政策，包括财政补贴、税收优惠等。这不仅推动了加拿大新能源的快速发展，也大大提高了能源的利用率。1980年至2004年，加拿大能源生产总量增加了81%，但是能源消耗总量只增加了40%。

1999年，加拿大出台了《1999年加拿大环境保护法》(Canadian Environmental Protection Act, 1999)。与1988年的版本相比，新法条文数量增多，保护范围扩大。首先，新法引入了污染预防、可持续发展、污染者负担、消除生物多样性危险、政府合作、充分考虑土著人的传统知识等原则；其次，为加强联邦、各省、属地及土著人自治政府之间立法的协同性，新法构建了制度框架；此外，新法增加了公众参与机制、环境紧急事件预防和处理机制，以及法律实施的具体条款。①

2020年以来，加拿大政府先后启动了“清洁能源科技行动”“利用可再生能源发电”“利用可再生能源供暖”“生物能发展”“环保汽车激励”等五项计划，促使节能减排、开发新能源工作进一步深入。

值得一提的是，20世纪90年代，北美自由贸易区(North America Free Trade Area, NAFTA)的建立在推动加拿大与美国能源政策一体化的同时，也推动了两国在可再生能源和清洁能源开发利用方面的互动与合作。根据加美两国的《关于气候变化的2000行动计划》，加拿大联邦政府将出资2500万加元，寻找来自发电厂商的投标，这些厂商需向小企业或居民提供“绿色电力”。联邦政府的目标是：到2025年，20%的电力需求来自可再生能源。为实现这一目标，各省积极响应。例如，安大略省政府通过了可再生能源投资组合标准，提出了发展小水电和生物质能源项目，以及到2010年实现新风力发电容量达到2000兆瓦的目标。在加拿大的带动下，美国一些州(如佛蒙特州、伊利诺伊州)也制定了可再生能源发展目标：到2020年(或2023年)，可再生能源发电量满足本州新增电力负荷需求(或达到全部电力的8%)。至此，加拿大与美国制定可再生能源目标的省和州的数量增加到30多个。

① 尤明青.《1999年加拿大环境保护法》评介[J].环境资源法论丛，2001(1)：5.

二、加拿大促进绿色低碳技术发展的政策分析

（一）政府定位

2023 年 8 月 29 日，在中国环境与发展国际合作委员会（以下简称“国合会”）2023 年年会主题论坛“协力应对气候变化，同行绿色繁荣之路”上，国合会外方执行副主席、加拿大环境与气候变化部长史蒂文·吉尔博（Steven Guilbeault）就加拿大在绿色低碳方面的实践做了分享。他指出，目前加拿大正在各行各业中积极推行应对气候变化的举措。加拿大作为主要的油气生产国，肩负着重大责任，更应该在国际舞台上发挥重大作用。即使各个行业脱碳的过程再艰难，加拿大也要做出正确的选择。能源行业在加拿大经济发展中发挥着重要的作用，不仅为加拿大创造了大量的就业岗位，也增加了加拿大的经济效益。加拿大政府在废除化石燃料补贴的基础上，将更好地平衡经济、环境和社会的关系。即便短期内可能会遇到一些经济挑战，但从长远来看，这是促进经济繁荣发展的正确道路。

加拿大政府曾指出，北方外交政策的关键在于掌控北极理事会的领导权，通过与其他北极国家紧密合作、增强北极组织在政策制定与国际合作中的能力、吸引公众支持来实现目标。加拿大计划承担北极事务中除安全问题外其他各个领域的领导责任，包括经济与社会发展、科学研究、原住民文化保护、环境保护和综合治理等方面。

加拿大在北极事务中的“领导”定位不同于传统的“大国领导”，其特点是：在强调主权基础上，将战略重点集中于取得经济、社会、科研和环保等领域的领导权，通过对话与合作来倡导多边主义下的领导，掌握北极合作的话语权和导向趋势。这是一种软性的、非安全性质的合作式领导。这样的战略定位是基于如下原因：

其一，加拿大虽然是发达的工业大国，但是人口稀少，因此战略影响力较小。“没有众多的人口，一个国家不可能建立并运转现

代战争所需的工厂，不可能拥有并在战时投入大量海空作战部队，也不能在必要时充实部队后勤”①，这些因素决定了加拿大不可能形成以实力为基础的强权领导。

其二，加拿大在北极地区拥有广阔的领土、专属经济区和大陆架，随着气候变暖、海冰融化，北极开发逐步走向现实。为此，加拿大政府既要鼓励科研先行②，又要通过社会经济手段改善原住民生活水平，以获得他们的支持与配合。

其三，一项国际机制的权威既来源于内部认可，同时也需要外部国家承认，以赋予其合法性③。作为北极理事会的主要发起者，加拿大致力于对外传播北极理事会的价值，以增强北极理事会在北极治理中的权威。

“域内自理”是指特定场域内的主权国家在没有外部力量介入的情况下对场域内国际事务的自我治理④。加拿大宣扬北极地区属于北极周边国家，在北极理事会中推行类似“门罗主义（Monroe Doctrine）”的北极政策。

一方面，加拿大意图提升原住民组织在理事会中的地位，以“保护北极人民的利益”为名，打压域外国家的参与；另一方面，北极理事会于2012年通过了“努克标准”，规定申请成为观察员的国家必须“承认北极国家在北极地区的主权、主权权利和管辖权”⑤。如此一来，域外国家即使成功进入观察员序列，也难以避免被边缘化的事实。

---

① 摩根索. 国家间政治：权力斗争与和平［M］. 徐昕，郝望，李保平，译. 7版. 北京：北京大学出版社，2006：163.

② 同①.

③ 郭培清. 北极圈论坛：北极理事会的“榻旁之虎”［J］. 世界知识，2013（21）：41.

④ 肖洋. 北极理事会“域内自理化”与中国参与北极事务路径探析［J］. 现代国际关系，2014（7）：54.

⑤ 同④.

（二）加拿大联邦政府的措施

全球经济正在走向更加绿色的未来，加拿大也在努力跟上步伐。为增强企业和民众的节能意识，群策群力建设加拿大低碳能源未来，联邦政府采取了以下措施：

首先，加拿大未来的能源发展需要社会各界人士的广泛合作。加拿大民众认为，政府对未来的能源发展应设定一个清晰的远景目标，然后与合作者、土著居民、工业界人士和普通民众携手合作，共同去实现该远景目标。他们指出，以低碳能源替代高碳能源的做法，为长期以来存在矛盾和摩擦的政府、油气公司与土著居民提供了一个和解的机会。

其次，能源低碳转型决策的基础是科技创新。民众认为，低碳能源目标的实现取决于政府对企业家和新能源企业的支持，科技创新是推动低碳转型的关键，企业家精神、科学态度和技术创新将增强加拿大未来低碳能源发展的竞争力。青年和企业家渴望引领低碳转型，并希望获得政府支持。同时，民众要求政府提高决策透明度。他们认为，透明的政府监管可以增强公众对能源决策的信心，推动能源行业朝着强大且具备高度韧性的方向发展。当然，政府的能源决策需要通过权威渠道来获知。

第三，提供清洁且负担得起的能源。民众认为，明智的能源投资将促进经济发展和环境改善，未来的能源系统应是清洁的、安全的、方便的和负担得起的；政府和企业应该在能源效率提升、清洁能源和可再生能源开发、运输零碳排放等方面进行投资。一些民众支持建立智能越野电网，同时，他们建议邀请加拿大能源领域的专家加快化石燃料脱碳生产进程。此外，与土著社区加强合作，是寻求能源问题长效解决方案的关键一环。

加拿大政府设立了许多旨在帮助加拿大清洁技术公司和企业家的项目，比如“绿色基础设施项目”等。为了推动电动汽车的发展，加拿大政府扩大了电动汽车的基础设施建设，特别是在充电站方面，从纽芬兰–拉布拉多省的圣约翰斯到不列颠哥伦比亚省的维多利亚，建立了数千个充电站。

2017 年 10 月，加拿大政府推出“清洁增长计划（Clean Growth Program, CGP）”，在能源、矿业和林业三个领域设立了 1.55 亿加元的专项基金，鼓励民众积极参与清洁技术的研发和相关示范项目的申报。CGP 项目涉及五个方面的内容：减少温室气体和空气污染物的排放；最大限度地减少对地貌的干扰，并改善废物处理办法；生产并使用先进的材料和制品；高效生产和使用能源；减少用水量，降低对水生生态系统的影响。①

为了帮助加拿大 15 ～ 30 岁的年轻人在绿色事业上获得发展，加拿大自然资源部于 2019 年投资了 1600 多万加元，推出了“绿色工作–科技实习计划（Green Jobs-Science and Technology Internship Program, STIP）”，累计创造了 1200 个工作岗位②。该计划是加拿大政府青年就业战略的一部分。

环境问题还包括土壤退化、水源污染、草原过度开垦等。加拿大是一个农牧业发达的国家，为预防并解决上述问题，促进农业环境保护和可持续发展，2009 年，加拿大联邦农业部设立了农业环境保护机构，并在各省设立了分支机构。联邦政府与各省政府、有关部门相互合作，共同推进环境治理工作，实施防治污染的措施。比如，为保护耕地，推行少耕、免耕、轮作制度；为保护水源，推行节水灌溉技术，加强水资源管理工作；为保护草场资源和牧区，实行社区牧场管理和划区轮牧制度；为防止土地污染，减少化肥、农

① Government of Canada, Natural Resources Canada. Clean Growth Program[EB/OL]. (2020-11-23) [2022-11-25]. https://www.nrcan.gc.ca/cleangrowth/20254.

② Government of Canada. Green Jobs in Natural Resources[EB/OL]. (2022-08-26) [2022-11-25]. https://natural-resources.canada.ca/climate-change/canadas-green-future/green-jobs/87.

药、除草剂的使用。[①]

为了鼓励能源、采矿和林业等部门使用清洁技术，加拿大政府部门充当起“推销员”。例如，自然资源部通过网络媒体宣传企业和民众使用清洁技术的好处：安装可编程恒温器，能最大限度地提高效率，降低能源使用率，既可以节省取暖费，又有助于减少碳排放。

为了解决加拿大一些农村和偏远社区使用柴油发电所导致的环境污染问题，联邦政府期望通过发展风能、太阳能、水能和生物质能来替代柴油，从而减少柴油对环境和健康的不良影响。同时，联邦政府希望通过发展清洁能源为当地创造就业机会。在《泛加拿大清洁增长和气候变化框架》（Pan-Canadian Framework on Clean Growth and Climate Change, PCF）中，政府承诺，通过投资帮助农村和偏远社区实现能源体系的转型，从而迈向更安全、负担得起的清洁能源体系，以减少温室气体排放。政府指出，实现这一目标要从以下三方面着手：一是需要社区的合作和支持；二是需要根据当地的情况选择替代的新能源，比如生物质能；三是通过示范试点逐步铺开。[②]

加拿大政府出台了保护生态环境的法律，划拨专款，建立自然保护区，以降低经济对林木、矿产资源开发的依赖。比如，不列颠哥伦比亚省植被覆盖率高，林木、矿产资源丰富。为了防止滥砍滥伐，该省规定砍伐树木需经过严格的审批程序。同时，政府还投资建立了自然保护区，发展旅游业。[③]

① 王明玖. 加拿大农业发展中的环境问题与科学研究［J］. 中国科技论坛，2008（3）：130-134.

② Government of Canada, Natural Resources Canada. Canada’s Green Future[EB/OL]. (2022-01-16) [2022-12-16]. https://www.nrcan.gc.ca/cleangrowth/home.

③ 邱浩. 加拿大重视生态环境保护的启示［J］. 山东水利，2014（9）：53.

（三）加拿大气候计划

2020 年 12 月 11 日，加拿大发布了增强版气候计划——《健康的环境和健康的经济》，旨在通过大力发展低碳转型产业推动经济复苏，同时设定明确的目标：2030 年将温室气体排放量降至 2005 年水平的 32% ～ 40%，并于 2050 年实现净零排放。

增强版气候计划总共包括 64 项新措施和约 150 亿加元（约合 758 亿元人民币）的投资，并明确提出了五大支柱政策：一是推广节能建筑，提高能源效率；二是扩大清洁电力供应，鼓励使用低排放和零排放汽车、公共交通等清洁交通方式；三是逐年提高碳税，并将收益返还给民众；四是发展清洁产业，支持工业脱碳，投资低碳经济；五是通过种植 20 亿棵树、恢复湿地等措施保护自然，并建立一个新的自然气候解决方案，发展可持续农业。

新的气候计划明确了加拿大实现碳中和的目标，以五大政策支柱为引领，通过投资环保改造、提高排放成本、推动经济转型等行动策略，将政策与资金集中于减排关键领域，为未来低碳经济的发展创造更多机遇。在这份气候计划中，碳税上涨是一项核心政策，将对加拿大的能源消费市场产生较大影响。目前，加拿大的碳排放定价已上调至每吨 40 加元（约合 202 元人民币）。按照新计划，碳价将在 2022 年达到每吨 50 加元（约合 253 元人民币），此后每年上涨 15 加元（约合 76 元人民币），到 2030 年将达到每吨 170 加元（约合 859 元人民币）。随着碳价的持续上涨，碳排放量较高的行业将面临更加紧迫的减排压力，从而推动加拿大整体能源结构优化调整。这一政策不仅能推动相关领域加强技术创新，还将在低碳产业中创造新的投资机会与就业机会，助力低碳经济增长，帮助加拿大实现经济绿色发展的目标。

在增强版气候计划的框架下，为了实现碳中和目标，促进经济绿色增长，加拿大联邦政府将重点关注能够实现显著减排的经济领域，并将政策资金向这些关键领域倾斜，以支持绿色技术创新，鼓励清洁能源发展。此外，联邦政府还将推出新的碳排放交易系统，以调节供需关系，充分利用市场机制控制并减少温室气体排放，推动经济绿色增长。

根据增强版气候计划提出的五大政策支柱，加拿大明确把建筑、交通、电力、能源及工业领域作为推动实现碳中和目标的关键领域，并针对这些领域制定了相应的减排措施。具体包括：在建筑领域，提高房屋的能源效率，开发低排放的建筑材料，如低碳水泥、节能窗户和绝缘材料；在交通领域，鼓励发展电动车、氢燃料电池车等绿色交通工具，并计划于 2035 年全面禁止销售汽油动力车；在电力领域，支持可再生能源发电和智能电网项目；在能源及工业领域，推动低碳燃料（如氢气、生物原油、可再生天然气等）的生产和使用。通过这些有针对性的政策部署，加拿大联邦政府旨在引导相关领域加强技术创新，提高减排效率，探索低碳发展模式，扩大低碳产业规模，培育以低碳排放为特征的新经济增长点。

在明确减排重点领域的基础上，加拿大联邦政府推出了一系列财税政策，并加大了对关键项目的投资力度，以加速减排进程。其中，多项投资已列入增强版气候计划。例如，在 7 年内为家庭住宅能源改造提供 26 亿加元（约合 131 亿元人民币）的资金，以提升能源效率；在 2 年内为零排放汽车激励计划额外投资 2.87 亿加元（约合 14.49 亿元人民币），3 年内向加拿大各地的车辆充电设施和加油站额外投资 1.5 亿加元（约合 7.6 亿元人民币），以加快零排放车辆及基础设施的部署；设立 15 亿加元（约合 76 亿元人民币）的低碳和零排放燃料基金，支持国内低碳燃料的生产与应用；在 5 年内向净零加速器基金投资 30 亿加元（约合 152 亿元人民币），以加快推动排放大户的脱碳项目进程，扩大清洁技术的规模，推动工业转型。

此外，2021 年 4 月，加拿大联邦政府发布的财政预算再次强调，减排是重建经济的关键途径，并提出拟投资 176 亿加元（约合 889 亿元人民币）用于绿色复苏和清洁经济。具体措施包括：推出联邦绿色债券框架，允许投资者资助加拿大的气候变化倡议；在 5 年内提供 44 亿加元（约合 222 亿元人民币）的无息贷款，用于环保房屋改造项目；将研发零排放技术的企业和小商家的所得税税率降低 50%，并于 2022 年生效；在 5 年内投入 10 亿加元（约合 51 亿元人民币），用于吸引私营部门投资清洁技术项目。

从上述资金项目和财税措施中可以看出，扩大绿色技术投资规模、降低企业和消费者的减排成本，是加拿大向净零排放过渡的关键举措。这些投资和财税政策为化石燃料向可再生能源转型、智能电网建设、能效提升，以及交通、建筑和工业等部门的电气化提供了支持。同时，这些举措也将鼓励清洁技术和产品的生产与使用，帮助企业和消费者减少对化石燃料的依赖，推动经济向绿色低碳方向发展。

作为减排政策的一部分，碳定价通过市场手段调节碳排放，从而降低温室气体排放量。碳定价机制主要包括碳税和碳排放交易体系。目前，加拿大以征收碳税的手段为主，覆盖所有碳排放主体。同时，联邦政府计划在全国范围内推动碳排放交易，以实现更具成效的减排目标。

2020 年 12 月 19 日，加拿大颁布了拟议的联邦清洁燃料法规，要求到 2030 年，液体燃料的碳强度比 2016 年下降约 13%，并建立一个新的联邦温室气体抵消系统，即基于产出分配的碳定价体系。该体系允许供应商灵活地满足年度减排要求，受监管方（主要是炼油厂）需创建或购买信用额度，以符合绩效标准。减少或消除温室气体的项目可以产生信用，项目实施方可将其出售给超过碳排放限制的工业企业（如水泥厂或炼油厂）。拥有超额信用的各方可以将信用存入银行，以备日后使用或出售。每个信用相当于 1 吨未被排放到大气中的二氧化碳，价格由市场决定。

生成信用的方法有三种：一是开展降低化石燃料生命周期碳强度的项目（如碳捕获和储存、可再生能源发电等），二是为客户提供低碳强度燃料（如乙醇、生物柴油等），三是投资先进的汽车技术（如电动汽车或氢燃料电池汽车）。

开展碳排放交易将激励加拿大高排放、高污染、高耗能的大型企业实施减排，促进清洁燃料产业的发展，提高清洁技术和清洁燃料的采用率，为生产可再生燃料的公司及其供应链上的农民创造机会，同时加速零排放汽车的普及。在碳税基础上融入市场调节手段，将显著提升减排效率，对实现碳中和目标起到积极的推动作用。

综上所述，加拿大的减排策略聚焦于高碳排放的经济领域，综合运用政策引导、资金支持和市场调节手段，逐步推动经济向绿色低碳转型。

三、实施效果及存在的问题

（一）发展绿色经济

2015 年达成的《巴黎协定》确立了全球气候治理的重要目标，即将本世纪全球平均气温升幅控制在 2 摄氏度以内，并努力将温度升幅限定在 1.5 摄氏度以内。这一目标的实现需要国际社会的共同努力。作为应对气候变化的积极行动者，加拿大政府不仅从机制建设层面推进减排工作，还通过实施碳税政策来调整经济结构，降低经济对化石燃料的依赖。

2017 年 10 月，加拿大根据《基加利修正案》颁布了逐步减少氢氟烃生产和消费的规定，并计划建立联邦碳定价支持系统，对截至2018年底未建立省级碳定价机制的省份实施统一碳定价政策。在省级层面，不列颠哥伦比亚省自2018年4月起实施渐进式碳税政策，按每年递增5加元的幅度调整，到2021年达到50加元/吨。[①]该省表示，将把碳税收入用于清洁能源基金建设和减排项目投资。阿尔伯塔省则征收30加元/吨的碳税，用于基础设施建设、公共交通系统升级和能源效率提升项目，以解决环保经费不足的问题。[②]

此外，加拿大特别注重发挥公众和原住民群体在环境保护方面的监督作用。1975年签署的《詹姆斯湾和魁北克北部协议》（James Bay and Northern Quebec Agreement, JBNQA）是加拿大首个现代土地索赔协议，为詹姆斯湾和努纳维克地区制定了环境和社会保护制度。根据协议规定，加拿大环境评估机构（the Canadian Environmental Assessment Agency, CEAA）主席为联邦项目JBNQA的管理人，负责根据评估和审查委员会的建议决定是否批准项目。为了让公众更好地了解项目进展，并在适当情况下参与讨论，CEAA在网上创建了官方信息栏目，实时更新项目进展。

联合国环境规划署发布的《2018年排放差距报告》对加拿大的环境保护政策给予了积极评价。报告指出，相较于2016年的水平，加拿大2030年的温室气体排放量预计将减少4%～6%。这表明，加拿大在实现减排目标和履行《巴黎协定》承诺方面取得了实质性进展。[③]

加拿大联邦政府高度重视气候目标，并把实现大规模减排作为向绿色低碳经济过渡的重要抓手。通过构建完善的政策体系和加大投资力度，加拿大积极促进低碳前沿技术的创新发展，推动低碳新兴产业规模化发展，打造具有全球竞争力的低碳经济新格局。这

① United Nations Environment Programme. Emissions Gap Report 2018[R]. Nairobi: United Nations Environment, 2018:44-45.

② 同① 50.

③ 同① 12.

一转型战略不仅有利于提升加拿大的减排效能，促进气候目标的实现，还能创造绿色经济新增长点，为加拿大在后疫情时代实现经济复苏注入新动力。

第一，低碳技术创新为绿色经济增长提供驱动力。

低碳经济的可持续发展在很大程度上取决于低碳前沿技术的创新水平与成果转化能力。为加快脱碳进程，加拿大非常重视低碳技术的研发与创新，在碳捕获、利用和封存技术等关键领域取得了众多创新成果。

例如，不列颠哥伦比亚省的点源碳捕获技术公司 Svante 开发了一种新型低成本碳捕获技术。该技术使用被称为“固体吸附剂”的纳米材料，可在 60 秒内捕获二氧化碳，将其压缩并释放。2021 年 7 月，该公司获得联邦政府净零加速器计划 2500 万加元（约合 1.3 亿元人民币）的战略投资，用于建设碳捕获利用和存储卓越中心以及新型过滤器制造厂。制造厂建成后，每年可生产去除 300 万吨二氧化碳的过滤器模块，相当于 3 个百万吨级碳捕获设施的运营规模。

由此可见，低碳技术的创新和应用不仅能够为加拿大实现减排目标提供重要支持，同时也能够促进经济增长，带动相关产业发展，为经济复苏提供重要驱动力。

第二，低碳产业发展催生新的经济增长点。

加拿大在低碳技术研发领域起步早，经过几十年的持续投入与创新积累，低碳产业已经具有一定基础。目前，加拿大在碳捕获、氢燃料电池研发等技术领域处于世界领先地位。这些低碳技术带动了资源节约型和环境友好型经济的发展，形成了以资源消耗低、环境污染少、产品附加值高、生产方式集约化为特点的绿色低碳产业集群，为加拿大绿色经济增长做出了重要贡献。

以碳捕获产业发展为例，加拿大萨斯喀彻温省电力公司投建了该省边界大坝燃煤电厂碳捕获和封存综合设施，壳牌公司在阿尔伯塔省斯科特福德投建了 Quest 碳捕获和封存设施，这些大型设施均具备百万吨级碳捕获能力，运营时间已超过 5 年，有效推进了加拿大从工业源头的减排工作，同时也促进了工业经济领域向低碳转型。

随着加拿大增强版气候计划与氢战略的发布，碳捕获产业未来将更具发展前景。为了抓住这一机遇，壳牌公司于 2021 年 7 月宣布启动“北极星”项目，在阿尔伯塔省埃德蒙顿市附近再建设一个大规模碳捕获和封存设施，预计在其整个生命周期内储存 3 亿吨二氧化碳，并捕获壳牌公司斯科特福德炼油厂和化工厂的排放物。该项目将分两个阶段实施：第一阶段，每年将从斯科特福德炼油厂和化工厂捕获并储存约 75 万吨二氧化碳，创造多达 2000 个工作岗位；第二阶段，在阿尔伯塔中部建立一个二氧化碳储存中心，储存除壳牌公司以外的第三方排放的二氧化碳，并帮助该地区建立氢工业。

从上述碳捕获产业的发展情况可以看出，在全球加速推进碳中和进程的背景下，以低碳技术为驱动的产业正在快速崛起，逐步发展为继信息技术、人工智能、大数据之后的又一经济增长点，在产业经济发展中占据更加突出的位置，并展现出广阔的发展前景。这一新兴产业在后疫情时代的经济复苏中扮演着重要角色，不仅有望创造大量高质量的绿色就业岗位，同时也为加拿大实现低碳转型和绿色发展提供了强有力的支撑。

（二）加拿大与北极理事会的未来

加拿大在北极理事会的参与历程，生动诠释了一个中等国家如何在大国博弈中寻求战略定位，推动区域治理。作为国际体系中的重要行为体，中等国家既具备仅次于大国的综合实力，又保持着适度的外交姿态。这恰如其分地反映了加拿大外交的基本特点。然而，这种定位也使其陷入两难困境：一方面在总体战略上倾向于追随大国，另一方面又不甘心完全依附。当在某些领域主动承担领导责任时，往往会遭到大国的限制与打压，难以实现国际抱负。对加拿大而言，这种困境往往与加美关系密切相关。在北极事务中，加拿大要么继续做美国的“小伙伴”，要么成为“领导者”，与美国发生冲突。

要破解这一困境，中等国家就必须在“小伙伴”和“领导者”之间找到合适的定位，“必须量力而行，在国际事务中发挥建设性的作用，避免承担那些与国力不符的国际义务”[①]。加拿大应大胆向“机制改革”挺进，拓宽北极领导的新形式，抢占新高地。

第一，加拿大应继续巩固其在北极地区社会发展、经济建设、科研创新等领域的领先地位。

加拿大关于北极政策的报告呈现出两大特点：一是重视原住民地区的经济与社会发展，二是坚持“科研先行”的战略方针。前者维护了原住民作为“北极真正的主人”的合法权益，后者则加速了“以科研带动发展”的步伐。《加拿大的北方战略》明确提出，建设一个新的北极研究站，将其建成北极地区的科学活动中心，确保加拿大在北极科研领域中占据领先地位，并设立北极研究基础设施基金[②]。

观察中等国家在国际事务中的参与模式可以发现，加拿大在国际体系中的结构性短板限制了其在国际舞台上的影响力。在北极事务中，加拿大若想谋求领导地位，需获得大国的支持。在两难困境下，加拿大在参与北极事务时需要构建三个层次的策略：当大国间发生与本国利益相关的体系性冲突时，结构性短板促使加拿大主动追随体系内可信赖的大国；在处理与本国利益相关的非体系性冲突

① BOTHWELL R. The Big Chill[M]. Toronto: Irwin Publishing, 1998: 20-23.

② Government of Canada. Canada’s Northern Strategy: Our North, Our Heritage, Our Future[R/OL]. (2009-07-26) [2022-11-25]. https://publications.gc.ca/site/eng/9.674653/publication.html.

时，加拿大应基于本国实力，采用多边主义策略最大限度地维护本国利益；对于和本国无直接关联但具有参与价值的次要事务，加拿大可选择扮演"调解人"的角色，通过斡旋与维和行动起到"润滑剂"作用，这不仅有助于塑造良好的国际形象，还能提升其在国际事务中的影响力。

总之，加拿大无须刻意将自己在北极理事会中的角色定位成"小伙伴"或"领导者"，而应积极揣摩大国的战略意图，发挥自身优势，扬长避短，争取在北极治理中发挥独特的作用，实现外交效益最大化。

第二，推动建立北极理事会新机制。

在北极理事会成立后的20年中，北极治理格局经历了深刻变革，越来越多的域外国家和组织要求参与北极治理，北极理事会的部分旧机制也已过时，改革事宜应当提上议程。新形势下，加拿大可以采取以下措施引领改革进程。

制定北极理事会的纲领性文件——《北极条约》。欧盟曾建议制定具有北极基本法性质的《北极条约》，认为各国对北冰洋公海和洋底拥有平等的开发权利。相比之下，加拿大主张以全面、统一的纲领性条约来代替既有的两个"框架报告"，以建立一个管辖能力更广更强的北极理事会。两种方案的根本区别在于：欧盟希望借鉴《南极条约》的模式，扩大北极事务的参与主体；加拿大侧重于加强北极国家的自主治理能力，主张继续推行"域内自理"。

经过多年的探索，北极理事会于2011年和2013年先后通过了《北极海空搜救合作协定》和《北极海洋油污预防与反应合作协定》。由此可见，随着成员国在诸多非政治领域达成共识并形成制度性安排，北极理事会正朝着更具约束力的区域性组织迈进。

完善北极理事会的跨国合作机制，将多边主义从合作原则转化为合作机制。一方面，进一步提升原住民群体在理事会中的地位和参与能力。例如，建立原住民群体委员会，赋予其族群内部事务的自治协商权，鼓励不同国家的社群展开跨国自治合作。另一方面，加强同其他国际组织的紧密联系。例如，与国际海事组织开展“西北航道”协商，与联合国环境规划署开展气候监测合作，与北方论坛和北极大学开展文化交流活动。

加拿大在北极理事会的实践历程呈现出明显的阶段性特征：从早期的“发起式领导”，到成立后的“合作式领导”，再到面向未来的“机制改革式领导”。这种长期争取领导地位的战略，为其他新兴大国参与国际事务提供了有益借鉴。加拿大经验的核心在于：在保持政策核心一贯性的同时，注重阶段性策略的灵活性；坚持多元主义路线，灵活应对各种挑战。

在应对气候变化方面，加拿大政府推出了一系列政策举措，展现了其实现净零排放目标的雄心，也预示着其在碳中和领域全球竞争中抢占战略先机的决心。加拿大以实现净零排放与经济低碳转型的双重目标为导向，大力支持绿色技术创新，推动技术驱动型低碳产业发展，着力培育低碳经济新增长点。然而，在推进实现“双碳”目标的过程中，加拿大仍面临诸多挑战和重重阻力。

随着“双碳”目标向纵深推进，现有技术体系的支撑能力逐渐接近极限，新的发展阶段对绿色低碳技术提出了更高要求。为如期实现“双碳”目标，加拿大需要以绿色低碳科技革命理论为指导，构建全方位的政策支持体系，实施创新驱动发展战略，组织实施重大科技攻关项目，突破关键技术瓶颈，充分发挥绿色低碳技术的支撑作用。

全球变局下的中加气候变化合作前景

刘天逸[①] 李昊锴[②] 朱轩[③]

摘要： 本文探讨了中国与加拿大在气候变化领域的合作前景。尽管当前地缘政治形势复杂，中加关系面临挑战，但两国在应对气候变化方面仍有广阔的合作空间。本文分析了中国面临的气候变化挑战，回顾了中国在国际气候合作方面做出的努力与贡献，并探讨了地缘政治因素对中加气候合作的影响。在此基础上，本文提出了两国可行的合作策略，包括在农业适应、基础设施韧性提升、可再生能源开发利用等领域开展务实合作。本文认为，通过聚焦共同利益，中加两国可以在应对全球气候危机的同时，为改善双边关系创造积极条件。

关键词： 地缘政治；气候适应；中加关系

当前，全球气候变化和环境污染问题日益严峻。气候变化所引发的自然灾害，如干旱、飓风、洪灾、森林大火等，已经给全世界众多国家带来了惨重的经济损失；全球性的冰川融化、海平面上升、生物多样性减少给生态系统也带来了不可逆的损害；同时，气候变暖导致了基础设施遭到破坏和粮食减产等问题，这对人类的健康和生命财产造成了威胁。对此，国际社会已经日益认识到气候变

---

① 刘天逸，Policy Nexus 汇策分析师，加拿大渥太华大学硕士。

② 李昊锴，Policy Nexus 汇策分析师，澳大利亚国立大学硕士。

③ 朱轩，Policy Nexus 汇策分析师，美国匹兹堡大学硕士。

暖是威胁人类生存与发展的重大危机。作为全人类共同面临的挑战，积极应对气候变暖危机已成为国际社会的共识。各国政府和企业纷纷将发展清洁能源作为应对气候变暖的重要举措。

作为世界第二大经济体，中国在可再生能源、电动汽车和绿色农业等领域取得了长足进步，成为全球清洁技术创新的重要引擎。而加拿大作为发达国家，在清洁能源领域也拥有雄厚的技术实力和丰富的实践经验。作为领先世界的清洁能源大国，中加两国在共同应对气候变暖挑战上具有广阔的合作空间。然而，当前地缘政治的不确定性及双边关系的紧张态势，对中加在气候变化领域的合作产生了不利影响。在全球气候变化问题日益严峻的形势下，中加两国都面临着减少碳排放、推动可再生能源发展的压力。因此，通过共同努力应对气候挑战，重塑合作关系，推动双边关系回归正常轨道，已经成为中加两国的当务之急。

基于全球气候变暖的现实与紧迫性，本文旨在深入探讨中国与加拿大在气候变化适应与减缓方面的合作机遇与可行策略，以期为双方未来的合作提供有益的参考和借鉴。首先，本文将对中国目前面临的气候变化挑战和气候变化领域国际合作的概况进行梳理；其次，深入分析影响中国与国际社会，尤其是与加拿大进行气候合作的外部地缘政治因素；最后，以气候治理中的适应与减缓两大方向的措施为基础，讨论在当前地缘政治具有不确定性的背景下，中加两国在气候变化问题上可行的合作策略。

一、中国的气候变暖挑战

中国作为世界人口大国，面临着独特而严峻的气候变化挑战。气候变化给中国带来了严重的经济风险。例如：沿海城市是人口密集区，贡献了全国约三分之一的 GDP。但沿海城市特别容易受到海平面上升、沿海洪水和风暴潮等灾害的威胁，这可能导致巨大的经济损失。

在公共卫生领域，气候变化的影响同样不容忽视。研究证实，全球变暖会直接导致高温热浪频发、空气污染加剧以及传染病传播范围扩大。具体而言，持续高温天气导致中暑及其他热相关疾病的发病率上升。同时，气候变化诱发的空气污染已成为重大公共卫生挑战。老年人和慢性病患者等脆弱群体将面临更高的健康风险。

值得注意的是，世界经济论坛发布的《2024 年全球风险报告》指出，未来 10 年，全球面临的首要风险并非武装冲突或社会分化，而是气候变化导致的极端天气事件。因此，在应对气候变化问题上，如何兼顾经济增长和绿色发展，协调好高质量发展与增强气候韧性、实现减排目标之间的关系，将成为一个至关重要的议题。

二、中国应对气候变化问题的国际合作战略

气候变化问题的形成及其造成的影响都是世界性的，因此气候变化问题是全人类共同面临的挑战，只有国际社会协同努力才能有效应对。多年来，中国在应对气候变化方面做出了多项承诺。2012 年，中国共产党第十八次全国代表大会明确了生态文明建设的总体要求。2014 年，中国制定并实施了《国家应对气候变化规划（2014—2020 年）》。2020 年，中国承诺于 2030 年前实现碳达峰，2060 年前实现碳中和。2021 年，中国宣布将不再新建境外煤电项目，加大对全球南方绿色发展的支持力度，加快落实《巴黎协定》和联合国 2030 年可持续发展目标等。近年来，中国在应对气候变化领域还建立了通过市场机制控制和减少温室气体排放的“碳市场”体系。“碳市场”自 2011 年起在国内开始试点，并于 2021 年 7 月正式在全国范围内启动，一举成为全球规模最大的碳市场。同时，中

国在可再生能源发展领域取得了巨大进展，成为当前全球最大的太阳能和风能生产国。中国还在积极推动新能源汽车的发展，以减少交通领域的碳排放。

除此之外，中国还积极开展气候变化领域的国际合作。2021年，国务院新闻办公室发布的《中国应对气候变化的政策与行动》(2021年)白皮书显示，自2011年以来，中国与35个国家签署了40份合作文件，向有关国家提供了气象设备、光伏发电系统、新能源汽车等应对气候变化的相关物资[①]。《国家适应气候变化战略2035》也将深化国际合作作为应对气候变化的战略之一，强调要“积极参与多边框架下适应气候变化工作”“拓宽适应气候变化国际合作机遇”以及“加强适应气候变化南南合作”[②]。

在与应对气候变化紧密相关的能源和农业领域，中国与发达国家的国际合作也较为广泛。例如，2014年，中国与美国签署了《中美气候变化联合声明》。该声明指出，中美双方在应对全球气候变化上具有重要作用，中美双方需要为共同利益而一起努力。双方承诺在清洁能源技术领域扩大联合研发，加强关于氢氟碳化物方面的合作，启动“气候智慧/低碳城市”倡议，推进绿色产品贸易[③]。与欧盟方面，中欧双方于2018年发布了《中欧领导人气候变化和清洁能源联合声明》，表达了双方在气候变化和清洁能源领域加强政治、技术、经济和科学合作的决心，并提出推动双方在碳排放交易、能源效率、清洁能源、低碳交通、低碳城市以及气候和清洁能

① 中华人民共和国国务院新闻办公室. 中国应对气候变化的政策与行动[EB/OL].(2021-10-27)[2024-06-22]. https://www.gov.cn/zhengce/2021-10/27/content_5646697.htm.

② 中华人民共和国生态环境部. 国家适应气候变化战略2035[EB/OL].(2022-05-10)[2024-06-22]. https://www.mee.gov.cn/xxgk2018/xxgk/xxgk03/202206/W020220613636562919192.pdf.

③ 新华社. 中美气候变化联合声明[EB/OL].(2021-11-12)[2024-06-22]. https://www.gov.cn/xinwen/2014-11/13/content_2777663.htm.

源项目投资等领域的务实合作[①]。

中加两国在气候变化领域的合作建立在多层次机制框架基础之上。2017 年 12 月，两国在北京发表的《中国－加拿大气候变化和清洁增长联合声明》为双方气候合作奠定了坚实的政策基础。该声明不仅重申了两国对《巴黎协定》的坚定承诺，还明确表达了双方在清洁能源技术和能效提升等关键领域加强合作的意愿[②]。在该声明的指导下，中加两国建立了两个重要的部长级对话机制，进一步强化了高层交流。其中，气候变化部长级对话由中国国家发展和改革委员会、加拿大环境与气候变化部共同牵头，而清洁能源部长级对话则由中国国家能源局和加拿大自然资源部共同牵头。这两个机制的设立为两国在气候政策制定、清洁能源解决方案探讨等方面提供了直接的高层交流平台，有助于加快决策过程，推动实质性合作。此外，中加能源合作联合工作组的设立也为两国在能源领域的务实合作提供了重要渠道。

三、地缘政治影响下的国际气候合作挑战

尽管拥有良好的合作基础，但近年来国际地缘政治格局的深刻变化，对中国在气候变化领域的国际合作构成了严峻的挑战。地缘政治冲突和全球供应链困境给全球能源安全带来了前所未有的危机。美国及欧盟成员国等西方国家也借此机会推行与中国“脱钩”的策略，并逐渐演变成“去风险化”的举措。要深入理解当前国际地缘

① 新华社. 中欧领导人气候变化和清洁能源联合声明［EB/OL］.（2018-07-16）［2024-06-22］. https://www.gov.cn/xinwen/2018-07/16/content_5306805.htm?_zbs_baidu_bk.

② 中华人民共和国外交部. 中国－加拿大气候变化和清洁增长联合声明［EB/OL］.（2017-12-04）［2024-06-22］. https://www.mfa.gov.cn/web/gjhdq_676201/gj_676203/bmz_679954/1206_680426/1207_680438/201712/t20171204_9359261.shtml.

政治环境对中加气候合作的影响，首先要对中美及中欧关系的发展进行简要讨论。气候变化是一个需要国际协作应对的全球性挑战，主要大国之间的关系动态深刻影响着全球气候外交格局。作为全球主要碳排放国和经济体，中国、美国和欧盟在全球气候政策的制定与实施中发挥着关键作用。它们之间的互动不仅影响彼此，还会产生连锁反应，波及其他双边关系，其中就包括中国和加拿大的关系。

近年来，美国对华战略发生了显著变化，从接触政策转向“战略竞争”。这种转变在经济、安全和外交等多个领域都有所体现。在经济领域，美国采取了“小院高墙”的策略，在平衡中国影响力的同时，维持双边关系的相对稳定。拜登政府在很大程度上延续了特朗普时期实施的关税政策，同时还引入了如2022年的《芯片与科学法案》等新措施来保护关键产业和技术。此外，美国还对先进技术实施了严格的出口管制，尤其是在半导体领域，以阻碍中国在具有潜在军事应用领域的技术进步。在安全领域，美国通过组建美英澳三边安全伙伴关系，强化其在该地区的威慑力。在外交领域，美国对中国采取了竞争与有限合作并存的双轨策略。一方面维持其在相关安全领域的立场，另一方面则寻求建立“护栏”，防止双边关系意外升级[①]。这种复杂的竞合关系也体现在中美两国的清洁能源与气候合作领域。例如，在电动汽车领域，美国采取了保护主义措施，2022年通过《通胀削减法案》对美国本土电动汽车的生产和购买进行激励，并对产业链和组装设立了严格要求，以减少对中国供应链的依赖。同样，在太阳能电池板行业，美国实施了减少对中国进口依赖并刺激国内制造的政策。拜登政府在2022年延长了对进口太阳能电池和组件征收关税的期限，同时为某些从东南亚进口的货物给予了两年的关税豁免，以解决短期供应问题。由此可见，尽

① 王缉思. 中美关系能走向稳定吗［J/OL］. 中美聚焦文摘，2023-11-16（23）［2024-06-22］. https://www.chinausfocus.com/magazine/v37c/China-US-Focus-Digest-v37c.pdf.

管气候变化作为全球性挑战需要中美两国协同应对，但地缘政治冲突导致气候合作面临较为复杂的挑战。

中国与欧盟的关系也日趋复杂。2019 年，欧盟将中国定位为“合作伙伴、谈判伙伴、经济竞争者和倡导不同治理模式的体制对手”①，改变了以往“经济归经济，政治归政治”②的做法。

中加关系因受到中美战略博弈的影响而趋于紧张。当前，加拿大对中国的政策呈现出以下特征：首先，强调保护国家利益和价值观。通过《加拿大投资法》加强对关键基础设施和知识产权的保护，推进网络安全建设以防范外部干预。其次，实施选择性接触策略。在气候变化等全球性议题上保持合作意愿，同时在分歧领域采取更为强硬的立场。

尽管面临诸多挑战，中加双方在气候变化领域仍保持一定程度的对话与合作。2023 年 8 月，加拿大环境与气候变化部长史蒂文·吉尔博访华，参加了有关应对气候变化和保护生物多样性的会谈。2024 年 4 月，加拿大副外长莫里森访华，与中国外交部副部长马朝旭举行会谈。这些事件为中加关系正常化释放出积极信号。然而，地缘政治因素的持续影响使中加气候合作的深度与成效存在不确定性。

四、中加两国在气候变化问题上的合作策略

在深入了解气候合作所处的地缘政治环境之后，一个更重要的

① 欧洲联盟驻华代表团. 欧盟与中国［EB/OL］.（2023-08-15）［2024-06-22］. https://www.eeas.europa.eu/delegations/china/%E6%AC%A7%E7%9B%9F%E5%92%8C%E4%B8%AD%E5%9B%BD_zh-hans?s=166.

② 张茉楠. 纠偏中欧关系须形塑利益新框架［Z/OL］.（2023-12-27）［2024-06-22］. https://cn.chinausfocus.com/finance-economy/20231227/43083.html.

问题是：在当前的地缘政治环境下，中国与加拿大在气候变化领域还存在哪些可以合作的空间？要确定可行的合作领域，首先需要识别潜在的合作机遇，然后结合地缘政治环境和国家利益，排除可行性较低的合作方向。

从应对气候变化的策略来看，目前较为主流的两大方向是适应和减缓。适应策略是指预测气候变化的不利影响，并采取适当行动防范或尽量减少气候变化可能造成的损害，典型措施是实施大规模基础设施改造，例如建立"海绵城市"来应对极端雨水天气等自然灾害。本质上，适应可以理解为调整自身，以适应气候变化的影响。减缓策略是指减少温室气体排放，以减轻气候变化的影响，具体措施包括减少温室气体排放（例如增加可再生能源的份额或建立更清洁的交通系统），增强温室气体的吸收和储存（例如扩大森林面积）。简而言之，减缓是通过人为干预，从而减少碳排放并增加碳汇容量的过程。

（一）气候适应领域的合作空间

早在2008年，中国发布的《中国应对气候变化的政策与行动》（2008年）白皮书就指出，中国易受气候变化的影响。气候变化给中国的自然生态系统和经济社会发展带来了现实的威胁，主要体现在农牧业、林业和水资源等领域。[①] 尤其是在农业领域，中国颁布并实施了《中华人民共和国农业法》《中华人民共和国草原法》《中华人民共和国渔业法》《中华人民共和国土地管理法》等法律法规，努力建设和完善农业领域适应气候变化的政策与法规体系。[②] 对于加拿大来说，虽然农业、林业、渔业和狩猎业仅占全国GDP的2%

① 中华人民共和国国务院新闻办公室. 中国应对气候变化的政策与行动［EB/OL］.（2008-10-29）［2024-06-22］. https://www.gov.cn/zwgk/2008-10/29/content_1134378.htm.

② 同①.

左右，但这些产业对特定区域的经济社会发展具有不可替代的作用。特别是对农村地区、偏远社区和原住民聚居区而言，自然资源产业是其经济支柱。这些地区的经济活动与气候条件存在高度依存关系，因此极易受到极端天气的影响。为应对气候变化的影响，加拿大于2022年颁布了《加拿大政府适应行动计划》，其中包含了BRM计划、农业恢复框架、生活实验室计划、农场气候行动基金、环境和气候变化成本分担战略计划以及联邦科学和创新计划等六项行动计划。从这些方面来看，中国与加拿大在农牧业领域应对气候变化方面的利益趋同。双方可以在该领域内开展技术合作和实践经验交流，合作发展“气候智能型”农业，从而提高该产业的气候适应能力。

在基础设施适应领域，中国与加拿大同样存在广阔的合作空间。气候变化对基础设施的影响是多方面的，极端天气事件频发、海平面上升、温度变化等可能对交通、住房、能源等基础设施造成严重破坏。中国的《国家适应气候变化战略2035》指出，中国沿海地区海平面上升及海洋灾害频发、夏季洪涝、城市暴雨内涝和高温热浪事件已经对城市生命线系统运行、人居环境质量和居民生命财产安全产生了严重威胁[①]。加拿大官方机构发布的报告也指出，加拿大沿海地区的城市容易受到海平面上升的影响，同样面临洪水、风暴和海浪等气候灾害侵袭的风险；内陆地区则面临山洪与干旱等极端天气的威胁；依靠冻土进行建筑和道路建设的北方地区正面临因气候变暖导致的冻土稳定性问题。持续的变暖趋势将会对北部地区的重要基础设施，如道路、铁路和机场等，构成严峻挑战。[②]即便

① 中华人民共和国生态环境部．国家适应气候变化战略2035［EB/OL］.（2022-05-10）［2024-06-22］. https://www.mee.gov.cn/xxgk2018/xxgk/xxgk03/202206/W020220613636562919192.pdf.

② Climate Atlas of Canada. Canadian Cities and Climate Change [Z/OL]. (2019-07-10) [2024-06-22]. https://climateatlas.ca/canadian-cities-and-climate-change.

是在受气候影响较小的区域，气候变暖带来的温度和降水变化也会导致基础设施磨损加剧，超出设计预期。尽管目前加拿大在基建领域已经开始采取应对措施，但是现有的建筑设施仍需进行大规模改造，以应对气候变化的挑战。从这些角度来看，中加两国在基础设施适应层面也具有共同利益。双方在基础设施设计、建设和维护方面，特别是在应对极端天气事件和提高基础设施耐久性等技术方面，存在广阔的合作空间。

（二）气候减缓领域的合作空间

中加两国都致力于减少温室气体排放并推广清洁能源技术。因此，在绿色转型领域，双方可以利用各自在技术和监管框架方面的优势，携手推进向可再生能源的转型。事实上，两国在这一领域已经建立了多个合作平台。例如，2017 年，两国签署了《中国 – 加拿大气候变化和清洁增长联合声明》，强调了在气候变化和清洁增长领域的合作，承诺在减少对传统化石能源的依赖、向清洁能源过渡、碳捕获和利用存储技术等方面加强合作。此外，加拿大政府发布的《激励加拿大前进》文件也强调要在全国范围内开展清洁能源合作，并设定了 2035 年前实现电力部门净零排放、2050 年前实现全国净零排放的目标[①]。近年来，中国在可再生能源技术方面，特别是在太阳能和风能方面，取得了显著进展；加拿大则在监管框架和市场解决方案方面独具优势。通过合作，两国可以在技术研发、政策制定和市场推广等方面实现优势互补，例如在太阳能电池板、风力发电机和储能技术等领域进行联合研发和生产，共同推动清洁能

① Government of Canada. Powering Canada Forward: Building a Clean, Affordable, and Reliable Electricity System for Every Region of Canada[EB/OL]. (2023-08-31) [2024-06-22]. https://natural-resources.canada.ca/our-natural-resources/energy-sources-distribution/electricity-infrastructure/powering-canada-forward-building-clean-affordable-and-reliable-electricity-system-for/25259.

源技术的全球应用，推动全球绿色转型。

与此同时，交通运输领域的脱碳对于实现气候目标至关重要。中国在电动汽车生产方面的进步和加拿大在监管框架搭建等方面的经验，为双方共同开发电动汽车技术提供了合作基础。中国是电动汽车生产的全球领导者，在电池技术和充电基础设施方面投入了大量资金。然而，为了实现更高的减排目标，中国需要进一步加快政策进展，制定更严格的温室气体排放标准，并确保这些标准有效执行。中加两国可以在电动汽车技术研发、充电基础设施建设、政策标准制定等方面进行合作，共同构建广泛的充电网络，促进电动汽车的普及，为应对气候变化提供切实可行的路径。

五、中加在气候变化领域潜在的合作方向

中加两国在气候适应和减缓领域确实存在广阔的合作空间，但合作的推进程度在很大程度上受到复杂的地缘政治环境和双边关系动态的影响。在中美战略竞争加剧、中欧关系呈现泛安全化趋势的大背景下，中加气候合作面临新的挑战。

例如，在基础设施建设、能源转型和交通电气化等领域，两国原本有巨大的合作潜力。然而，随着西方国家对中国在关键基础设施领域影响力的担忧日益加剧，这些领域的合作变得愈发敏感。从加拿大释放出的拟对中国电动汽车征收高额关税的信号来看，中加两国在应对气候变化技术层面推进合作的前景并不乐观。

尽管如此，气候变化的紧迫性和全球性特征仍为中加两国合作提供了动力。美国在页岩气革命后从油气净进口国转变为出口国，这使得作为全球油气生产大国的加拿大面临油气资源出口的问题①。

① 中国石化新闻网. 加拿大：打通油气运输的“任督二脉”[Z/OL].（2024-05-31）[2024-06-23]. http://www.sinopecnews.com.cn/xnews/content/2024-05/31/content_7096808.html.

在液化天然气出口领域，加拿大与中国存在显著的互补优势。

从这一点来看，中加两国可以从液化天然气进出口领域入手进行合作，同时解决加拿大能源出口的需求以及中国在减少煤炭使用方面的需求问题。用低碳燃料代替煤炭，还可以有效缓解减排压力。如果中加两国能够以此为起点，在气候适应和减缓领域寻求务实合作，不仅能共同应对全球气候危机，还能为改善双边关系创造积极条件。

六、结语

气候变化不仅是中国面临的重大挑战，也是全球共同面临的危机。近年来，尽管受到地缘政治因素的影响，中加两国在农业适应、基础设施韧性提升、可再生能源开发利用等领域仍有合作空间。然而，地缘政治的紧张局势和国际关系的复杂性对中加气候合作提出了新的挑战。在此背景下，中国需要持续加强国内外气候治理，推动环境保护与经济增长的协调发展，积极参与全球气候治理，促进国际社会协同合作，共同应对气候变化带来的严峻挑战。同时，中加两国也应基于共同利益，努力克服政治障碍，探索务实合作的路径，为改善双边关系创造积极条件。中加两国在气候适应和减缓领域的合作，不仅有助于实现各自的可持续发展目标，也能为全球气候治理贡献力量。

第二章

加拿大外交政策研究

战略竞合态势下中国企业出海经营之道

田野[①] 杨逸凡[②]

摘要： 本文探讨了在中美战略竞争背景下，中国企业应对在美投资经营风险的策略。尽管双边关系面临挑战，但两国高层已达成不寻求“脱钩”的共识，两国的经济和人文交流仍在持续。因此，中国企业不应贸然退缩，而应积极寻求机遇。为应对风险，企业可采取多元化策略：通过谈判、公关游说、公共传播、司法诉讼等手段维护自身权益，利用产业联盟和基金会降低出海成本和风险。同时，主动探索境外市场的边界，与当地利益相关方深度绑定，在共同利益的基础上寻求解决方案。这些策略不仅能够提升中国企业的国际竞争力，助力中国实现高质量发展目标，还能为中美关系注入新的稳定因素，为维护世界和平做出积极贡献。

关键词： 中美竞合；企业出海；美国市场

---

① 田野，Policy Nexus 汇策分析师，复旦大学博士。

② 杨逸凡，Policy Nexus 汇策分析师，芝加哥大学硕士。

一、战略竞合态势下反对“脱钩”的动因

（一）缓和与竞争并存的中美关系

自 2022 年 11 月中美两国领导人在巴厘岛会晤以来，基于美方做出的“四不一无意”承诺及其展现出的善意，两国重新开启针对核心议题的对话交流机制。2023 年 11 月，中美两国元首以 APEC 峰会为契机达成“旧金山愿景”，明确表示不“脱钩”，愿在相互尊重、和平共处、合作共赢的基础上稳定中美关系。这使中美关系在持续紧张之后出现了稳定的迹象和势头，为两国管控冲突、稳定交往开辟了新的路径[①]。

中美两国在地缘政治和地缘经济领域的竞争与博弈将在相当一段时间内持续，然而基于两国高层不寻求“新冷战”乃至军事冲突的底线共识，双方的经济互动、科技合作与人文交流虽遭受冲击但仍在持续，且在后疫情时代展现出较为强劲的恢复势头。2024 年 2 月，为落实两国元首关于“明年早些时候大幅增加两国间直航航班”的重要共识，两国航空主管部门决定自 2024 年 3 月 31 日起增加定期客运航班至每周 100 班（中美各 50 班）[②]。3 月，国家主席习近平在北京人民大会堂会见美国工商界和战略学术界代表，对美国企业继续投资中国、深耕中国、赢在中国表示了欢迎。美中关系全国委员会董事会主席格林伯格、美中贸易全国委员会会长艾伦、黑石集团董事长兼首席执行官苏世民、高通公司总裁兼首席执行官安

① 刘卿，张腾军．擘画中美关系的“旧金山愿景”[N/OL]．光明日报，2023-11-18[2024-06-22]．https://news.gmw.cn/2023- 11/18/content_36973893.htm.

② 中华人民共和国中央人民政府．3 月 31 日起中美客运航班将大幅增加[EB/OL]．(2024-02-29)[2024-06-22]．https://www.gov.cn/lianbo/bumen/202402/content_6935003.htm.

蒙等美方商界代表对此高度认可①。4 月，美国财政部长耶伦及国务卿布林肯先后开启了长达 5 天和 3 天的访华行程。他们一致表示“美国并不寻求与中国‘脱钩’。中美两个经济体已经深度融合，全面分离对双方来说都是灾难性的”②，并强调“继续发挥已经恢复和新建的外交、经济、金融、商务等领域磋商机制作用”③。

（二）反对“脱钩”言论及行径的战略因素

在美国单边主义和保护主义的影响下，中国占美国贸易总额的比例从 2018 年的 15.6% 下降至 2022 年的 13%，中国对美第一大贸易伙伴的地位被墨西哥超越。中国对美国的直接投资额也从巅峰时期的 387.9 亿美元下降至 2022 年的 286.6 亿美元④，由此导致的供应链脱节和国际贸易投资放缓给全球经济蒙上了巨大阴影。然而，从另一视角来看，自 1979 年中美建交以来，中美双边贸易额从 25 亿美元飙升至 2022 年的 6906 亿美元，增长了 276 倍，这使中美两国成为全球经济体系中不可或缺的贸易伙伴⑤。即便在 2023

---

① 新华社. 习近平会见美国工商界和战略学术界代表［EB/OL］.（2024-03-27）［2024-06-22］. https://www.baidu.com/link?url=uy-Xs_bHTZzMC18dgG5R0S1XaXJoDqIzdmE3mnuMqAMNzMFtM3wIaFEdXhhCbK6seOtDlXbfBJlv0vXqFdjVMtdTYwRce1ZyL9sFkyEE60S&wd=&eqid=a4416e14000955d4000000046677edca.

② 美国驻华大使馆和领事馆. 美国财政部长珍妮特·耶伦在中华人民共和国北京举行的新闻发布会上的讲话［EB/OL］.（2024-04-09）［2024-06-22］. https://china.usembassy-china.org.cn/zh/remarks-by-secretary-of-the-treasury-janet-l-yellen-at-a-press-conference-in-beijing-the-peoples-republic-of-china/.

③ 中华人民共和国驻纽约总领事馆. 中美达成五点共识［EB/OL］.（2024-04-26）［2024-06-22］. http://newyork.china-consulate.gov.cn/xw/202404/t20240426_11289990.htm.

④ Statista, n.d. Foreign direct investment from China in the United States[Z/OL]. (2023-08-13) [2024-06-22]. https://www.statista.com/statistics/188935/foreign-direct-investment-from-china-in-the-united-states/.

⑤ 逯建，姚飞. 中美贸易的变化趋势：2007-2022［Z/OL］.（2023-04-05）［2024-06-22］. https://idei.nju.edu.cn/52/dd/c26392a611037/page.htm.

年全球经济形势复杂多变的背景下，中美双边货物进出口额依然高达 6644 亿美元（中国对美国出口 5002.91 亿美元，中国自美国进口 1641.60 亿美元），为中国经济增长提供了重要支撑。2023 年，共有 33 家中概股企业在美股主板市场通过首次公开募股方式成功上市，总募资金额约 4.42 亿美元。这些企业涵盖了信息技术、人工智能、物流服务、金融服务、教育和制造业等多个行业。据美国商会此前的分析，与中国“脱钩”可能会给美国企业，特别是航空业和半导体行业的企业，带来严重的经济损失，预计损失将分别达到 380 亿美元和 510 亿美元，进而会导致 16.7 万至 22.5 万个工作岗位流失①。耶鲁大学高级研究员、摩根士丹利亚洲区前主席斯蒂芬·罗奇指出，美国的巨额贸易逆差主要由国内预算赤字所导致，对华贸易战无助于解决问题，反而会将更多的经济负担转嫁给国内公司及消费者，进而影响美国的经济发展。由此可见，中美两国利益依然深度交融。合则两利，斗则俱伤，这是中美两国关系发展的历史启示。

作为全球产业供应链的重要参与者、维护者，世界经济增长的重要贡献者，140 多个国家和地区的主要贸易伙伴，以及连续 7 年保持全球货物贸易第一大国地位的经济体②，中国始终坚决反对一切所谓“脱钩”“去风险”的言论及行径，主张站在历史正确的一边，坚决维护相互依存、普惠开放的世界经济体系，通过合作共赢的方式实现互惠互利，秉持建设“人类命运共同体”的时代理

① U.S. chamber of commerce. Understanding U.S.-China decoupling: Macro trends and industry impacts[R/OL]. (2021-02-17) [2024-06-22]. https://www.uschamber.com/assets/archived/images/024001_us_china_decoupling_report_fin.pdf.

② 洪俊杰. 开放中国，机遇共享［N/OL］. 光明日报，2024-06-05［2024-06-25］. https://epaper.gmw.cn/gmrb/html/2024-06/25/nw.D110000gmrb_20240625_1-12.htm.

念。自 2023 年起，中国实施了一系列“单边开放”[①] 政策，相继给予欧洲、亚洲、大洋洲的十余个国家单方面免签待遇。同时，通过发布新版外资准入负面清单，全面取消制造业外资准入限制，并鼓励和支持更多符合条件的外资机构在华开展金融活动。此外，中国还持续深化移民管理服务改革，为外国投资者和商务人员来华交流提供更多便利条件。据商务部统计，2023 年，全国新设立外资企业 53766 家，同比增长 39.7%[②]。在积极“引进来”的同时，中国也坚定不移地实施“走出去”战略，鼓励国有企业和私营企业大力开拓包括北美市场在内的海外市场，并重点支持文化类产业、传统基础设施产业、战略性新兴产业以及跨境电商等“新出口”领域广泛开展海外业务，利用全球产业链进行高效布局，助力实现“创新驱动、转型升级，迈向中高端”的产业升级战略[③]。由此可见，任何鼓吹、支持在贸易、投资领域“脱钩”的言论，都将对中国充分利用国内与国际两个市场、通过高水平对外开放实现高质量发展的总体战略目标构成实质性阻碍。在此背景下，如何捍卫规模庞大且深耕多年的海外市场，将成为检验中国国有企业和私营企业能力的重要试金石。

① “单边开放”理念由香港中文大学（深圳）讲座教授、上海交通大学政治经济研究院名誉院长郑永年提出，相关论述可参考：郑永年《为什么中国需要高水平的“第三次开放”》，载《经营管理者》，2023 年第 10 期，第 34-37 页；刘承乾、郑永年《开放与科技进步：国别与历史经验的比较研究及对中国新一轮开放的启示》，载《经济社会体制比较》，2024 年第 3 期，第 36-51 页。

② 中华人民共和国商务部 . 2023 年全国吸收外资 1.1 万亿元人民币 [EB/OL] .（2024-01-19）[2024-06-22] . http://www.mofcom.gov.cn/article/xwfb/xwrcxw/202401/20240103467642.shtml.

③ 澎湃新闻 . 中企出海背后推力：国家意图与市场规律的互动之作 [R/OL] .（2024-05-13）[2024-06-22] . https://www.thepaper.cn/newsDetail_forward_27301688.

二、中国企业在海外捍卫自身合法权益的模式

在合作与竞争并存的新时代背景下，中国企业的当务之急不是在“脱钩”“去风险”舆论的阴影下逃避风险，而是持续深耕规模庞大且兼具一定政治及法律风险的海外市场，守好中国出海发展的“前沿阵地”。实际上，尽管中国同美国贸易投资往来密切，但中国企业家对美国政治、社会制度乃至市场规则的认知仍有一定局限性，导致其在通过谈判沟通、公关游说、公共传播、司法诉讼等多元化渠道捍卫自身利益方面准备不足。这种为了节省时间及金钱而忽视长期风险的行为，往往可能引发更为严重的潜在损失，进而对中国出海全球的整体事业造成不利影响。下面就上述渠道进行简要阐释，具体分析其可行性。

（一）谈判沟通

客观来讲，中美两国的沟通谈判文化存在较大差异，具体体现在如下方面：（1）在思维方式上，中方倾向于有机辩证思维，而美方倾向于机械逻辑思维；（2）在表达方式上，中方往往用语含蓄，美方则直来直去，不绕弯子；（3）在谈判格局上，中方立足长远，倾向先求同后解异，而美方注重短期利益，往往先立异后谋同；（4）在谈判氛围上，中方往往选择先表达善意，营造良好的沟通氛围，并以诚意信守承诺，而美方常以施压举动来增强谈判筹码，甚至会在最后关头制造反悔事由；（5）在谈判内容上，中方注重框架性原则，往往不在用语表述上锱铢必较，而美方则注重实操性规则，时常就个别用语表述辩论纠缠；（6）在谈判取向上，中方往往本着“买卖不成情义在”的思路与美方打交道，尤其重视“老朋友”的情感纽带作用，而美方更注重获取利益，往往以占据优势地位和解决问题为唯一目的。以上种种原因致使两国在谈判中常常因

理念不合及方式冲突产生分歧，甚至导致谈判陷入僵局或破裂。这种现状加剧了中国商业人士同美方沟通的抵触及畏难情绪。

然而，从积极的角度看，如果中国企业能够采取“有理、有利、有节”的策略针对实质性问题进行持续交涉，在熟知对方谈判思维与技巧的基础上灵活应对，就有可能获得对方认可，甚至让对方做出妥协与让步。20 世纪 90 年代，中美知识产权谈判便提供了良好的范例。当时，美国以中国知识产权保护不力为由，针对中国出口商品多次动用“特殊 301 条款”进行威胁。以时任首席谈判代表吴仪为首的中国团队，通过持续数年的谈判斗争，不仅以有力的客观事实说服美方认可了中国在知识产权保护上所做的努力，消除了“301 调查”的威胁，还与美方达成了《中美保护知识产权备忘录》及《中美知识产权协议》，解决了中国加入世界贸易组织谈判的重要难题，并间接开启了 2001 年至 2017 年中美两国经济人文深度交流的合作期①。自 2022 年 11 月中美两国恢复前政府官员和工商界人士对话以来，两国在政府间谈判之外，愈发重视更具灵活性的 1.5 轨及 2 轨对话②。正是由于两国关系的高度复杂性，两国之间展开常态化、多渠道、多层次的沟通才显得尤为必要。

（二）公关游说

与全球大多数国家不同的是，美国是少数几个对企业游说政府行为持开放态度的国家之一，同时也是最早开始监管游说行为的国家。早在美国建国之初，国父詹姆斯·麦迪逊便认为应允许利益集团影响国会立法。后来，这一观点被纳入 1789 年宪法第一修正案中，作为言论自由的一部分得到保护。由于美国政商界存在特殊的

① 吴海民. 大国的较量——中美知识产权谈判纪实［M］. 武汉：长江文艺出版社，2009.

② 吴心伯. 探索中美战略博弈的边界［J］. 国际问题研究，2023（2）：42-57+123-124.

“旋转门”机制，大量前政府官员、国会参众议员及其他工作人员会在离职后利用个人资源及人脉网络对白宫及国会施加影响，甚至成为专职的公关说客[①]。针对外国利用本国及他国游说团体的行为，美国于 1938 年通过了《外国代理人登记法》，要求以“政治或准政治身份”代表外国利益的代理人公布其与外国政府的关系、相关活动和资金信息。这一法律不仅规范了外国游说行为，还使其在法律框架下有章可循。据统计，2023 年，美国已有 300 多家职业说客公司以及 1.2 万名注册说客[②]。之后，美国于 1995 年通过了《游说披露法》，加强了对游说行为的监督，提高了对信息披露的要求。因此，游说活动的相关信息基本可以通过公开的信息渠道进行查阅。

2024 年，美国撤销了针对中国光伏产品的贸易豁免政策，正是受到了美国第一太阳能公司及韩国韩华集团游说的影响[③]。近年来，中国出海企业逐渐意识到美国游说机制的作用，并开始对这一机制加以利用，其中不乏华为、中兴、字节跳动、药明康德、比亚迪、隆基绿能等正处于中美两国战略竞争核心领域及舆论旋涡的企业。以华为为例，在“孟晚舟事件”发生后，华为于 2019 年先后聘请了锐思博德和科恩沃尔夫两家在美国登记为“外国代理人”的公关公司。两家公司从战略制定、媒体关系、影响者关系、分析师关系、危机分析、内容建议等多方面为华为提供了公关支持[④]，并将舆论负面影响降至最低，为华为塑造了正面形象，为该案的和平解

① 石培培．国会、总统、政府和游说公司［J］．世界社会主义研究，2017（7）：90.

② Statista, n.d. Total number of registered lobbyists in the United States from 2000 to 2023[Z/OL]. (2024-02-13)[2024-06-25]. https://www.statista.com/statistics/257340/number-of-lobbyists-in-the-us/.

③ Reuters. Exclusive: U.S. plans to restore tariffs on dominate solar technology [Z/OL]. (2024-04-18) [2024-06-22]. https://www.reuters.com/world/us/us-plans-restore-tariffs-dominant-solar-technology-sources-say-2024-04-17/.

④ 杨雅雯．中国对美国际公共关系和公共外交研究［D］．昆明：云南大学，2020：40-41.

决做出了贡献。这一案例足以成为中国出海企业详加研究的代表。

（三）公共传播

20 世纪以来，随着大众传媒的兴起，可视化的媒体报道凭借真实性和时效性，在引导舆论方面发挥了重大作用，甚至影响了重大历史事件的走向。这一时期的两起重要司法判例——1964 年《纽约时报》诉沙利文案和 1971 年《纽约时报》诉美国案，进一步确立了美国媒体“无冕之王”的地位。进入 21 世纪，社交媒体的兴起改变了信息传播的格局。昔日的受众如今已转变为具有自我意识和主导能力的信息创造者与传播者。例如，2016 年，特朗普团队通过推特等网络平台创设了一系列话题，成功地为特朗普树立了极具个人魅力的形象，为其胜选做出了重要贡献。如今，熟练使用社交媒体的“Z 世代”年轻人逐渐成长为影响舆论的关键力量。如何有效利用这一趋势，成为亟待深入探讨的问题。

受美国固有的意识形态影响，以及政客的刻意引导，美国主流媒体对中国的报道仍以负面新闻居多，这无疑增加了中国企业在国际舞台上塑造自身形象的难度。然而，沉默不语只会让自己陷入更加被动的局面。唯有积极发声，主动还原真相，才能有效缓解对手的舆论攻势。例如，在“孟晚舟事件”中，长期很少公开露面的华为总裁任正非主动接受了美联社、《华尔街日报》、《金融时报》、彭博社等多家美国主流媒体的采访，针对一系列备受关注的敏感话题逐一做出回应。同时，华为还在《纽约时报》《华盛顿邮报》等主流报纸上刊登了致美国媒体的公开信，在澄清事实的同时欢迎媒体调查报道真实信息，成功塑造了坦诚直率的公共形象[①]。在社交媒体时

① 杨雅雯. 中国对美国际公共关系和公共外交研究［D］. 昆明：云南大学，2020：38-39.

代，字节跳动旗下的 TikTok 已深度融入美国民众的日常生活，甚至成为两党争取民意的重要议题，堪称中国企业主动塑造美国公共舆论的成功典范。

（四）司法诉讼

由于美国司法体系主要从属于以判例法和习惯法为主导的海洋法系，在审理制度上与中国所属的大陆法系存在显著差异，再加上美国司法体系由联邦法院、巡回法庭和各州法院等组成，结构复杂且层级繁多，因此中国企业在美国经营投资时，必须适应其独特的合规理念和商业习惯。面对陌生的司法环境，受本土“厌讼”传统影响的企业家一旦在美国市场遭遇诉讼或面临调查起诉的风险，往往会因高昂的合规成本而产生畏惧心理，甚至可能还未应诉抗辩便选择退出美国市场。事实上，受美国特有的法律职业文化影响，企业卷入诉讼已成常态。美国司法诉讼注重程序正义和规则导向，虽然这在一定程度上增加了企业的合规管理成本，但也提高了诉讼过程的公开透明度，有效降低了司法腐败的可能性。

历史上，无论是本国还是外国，起诉美国州政府乃至联邦政府并取得胜利的不在少数。2001 年，在美国市场尚处于成长期的中国福耀玻璃遭遇了美国同业竞争者的反倾销诉讼，并于次年被美国商务部裁定加征 11.8% 的关税。当时正值中国加入世界贸易组织初期，针对中国工业品的反倾销调查层出不穷，大多数企业面对高昂的诉讼成本往往选择息事宁人。而福耀总裁曹德旺却将美国商务部告上美国国际贸易法院，并花重金聘请顶尖律师事务所 White & Case LLP 处理诉讼事宜。经过长达 2 年、耗资 1 亿元人民币的诉讼，美国商务部最终于 2004 年 5 月推翻了原裁定结果[①]。尽管福耀玻璃为

① 澎湃新闻. 玻璃大王曹德旺，用百万律师费打出的海外市场 [Z/OL].（2020-11-10）[2024-06-22]. https://m.thepaper.cn/baijiahao_9924147.

此付出了巨大代价，但也因此打开了美国市场，获得美国政商界人士的广泛尊重，为之后在美国建厂铺平了道路。2012 年，中国三一集团起诉了美国外国投资委员会以及奥巴马总统，指控他们剥夺了三一集团下属的罗尔斯公司的财产权。两年后，法院裁定奥巴马总统令违反了程序正义，最终促使美国政府同罗尔斯公司达成和解[①]。这一被媒体视为“中资公司前所未有的胜利”的经典案例，不仅为中国企业提供了宝贵的经验，更增强了他们的信心。

三、日本在美经营之先例镜鉴

实际上，中国企业家今日在美国所面临的处境并非没有先例可循。二十世纪八九十年代，日本通过贸易立国政策迅速崛起为世界第二大经济体，因对美存在巨额贸易顺差以及在美进行大规模并购活动，引起了美国政商界的高度关注与警惕，这导致日本企业频繁遭遇制裁与诉讼威胁。面对这一局面，日本商界将重点转向对美游说与公关事务，并构建了全球最为成熟的对美游说网络。美国司法部公开备案的记录显示，早在 1990 年，日本便已成为对美四大投资国中雇用说客最多的国家，注册说客人数为 92 名，支付酬金高达数千万美元。尽管后期受经济下滑影响，日本对美游说力度一度减弱，但其在对美游说方面的辉煌历史，对当前中美经贸关系以及中国企业在美国的生存与发展，仍具有重要的借鉴意义。

（一）日本对美国的公关历史

1948 年，美国日本委员会正式成立。该组织最初是为了反对麦

① Financial Times. Chinese group wins CFIUS legal case[Z/OL]. (2014-07-17) [2024-06-22]. https://www.ft.com/content/0fd071ea-0d03-11e4-bf1e-00144feabdc0.

克阿瑟对日本大型公司的改造而成立的，其成员在美国代表日本的利益。该组织与美国政府、美国全国制造商协会、美国商会等利益集团关系紧密。通过美国日本委员会的游说，美国政府放弃了最初制定的解散日本财阀集团的政策。

为了更好地融入美国社会，提升公关效果，日本曾广泛咨询美国资深人士的意见。据《华尔街日报》披露，在尼克松总统的国际贸易与经济政策特别顾问理查德·艾伦的建议下，日本对美公关组织转由美国人主导，从而更好地影响美国政府的决策。与此同时，日本利益集团与美国利益集团的合作日益紧密。以纺织品行业为例，日本纺织品制造商非常热衷于加入美国纺织品进口商协会，其主要目的是通过该协会开展对美游说活动。通过这些协会，日本企业能够在行业游说活动中获得更多的发言权。一旦出现对日本不利的意见或观点，作为协会会员的日本企业可以凭借协会获得一些帮助。20 世纪 90 年代，在日美经贸关系极为密切的时期，有 14 个日本领事馆、7 个日本贸易中心、18 个日本团体、11 个非营利组织以及上百家日本私人企业与美国方面展开了不同程度的合作。[①]据《纽约时报》1993 年的报道，日本雇用了大量美国的律师事务所、经济顾问公司和公关公司。这些游说团体成为日本企业的“耳目”与“喉舌”，积极活跃于美国的政界与商界。

（二）日本对美国的公关战略与投入

日本在美国公关的目标主要有六项：（1）确保日本产品对美国出口市场的持续开放；（2）打通日本对美国主要资产购买的渠道；（3）避免美国人察觉或严厉批评日本的抵制性贸易行为；（4）削弱竞争对手的政治敌意；（5）影响美国政府对日本的贸易政策，影

① 甘峰. 日本在对美经济贸易中的政治战略及功效[J]. 日本研究，1996（2）：23-27.

响美国政府对欧洲及其他与日本经济利益密切相关地区的政策；（6）迫使美日经济不断融合，确保美国不能在政治和经济上对日本实施重商主义政策。[①] 日本公关团体宣传的核心主题包括：（1）日本为美国人提供了就业机会；（2）批评日本的人往往带有种族主义倾向；（3）美日之间的摩擦（如贸易赤字）是因为美国自己没有解决好问题；（4）全球化进程使美日关系相互依存；（5）日本是一个独特的国家；（6）日本正努力适应美国的要求和期望。[②]

为了达成上述目标，日本采取了政府公关和间接公关双管齐下的策略。政府公关即雇用美国政府前官员作为自己的代理人，处理美日关系中最突出的经济和贸易摩擦问题，游说美国政府做出有利于日本在美企业利益的政治决策。同时，日本政府发动了强大的“银弹攻势”，通过大量的政治捐款来影响国会议员的决策。例如，日本支持的汽车零售商和司机自由贸易政治行动委员会（以下简称“AUTOPAC”）在 1988 年的国会选举中筹集了 450 万美元，其中 257 万美元用于政治捐款。许多落选议员将自己失败的原因归结于“东京的幕后操作”。民主党对支持共和党的 AUTOPAC 尤其不满。一批民主党议员曾联名致信美国司法部，要求将 AUTOPAC 注册为外国代理人，但这一要求并未得到美国司法部的回应。此外，日本还通过各种社会团体邀请美国政府官员进行演讲，并支付高额酬金，这是日本“购买华盛顿”战略的一部分。除国会议员外，日本还将目光投向国会议员助理，这些人在立法过程中拥有不可忽视的影响力。日本驻美大使馆会定期举办酒会和演讲等活动，邀请议员助理出席，还会邀请议员助理访问日本，从而让议员助理成为日本在美国国会中的重要盟友。

除了美国联邦政府外，日本还十分关注美国的基层政治，注重

① 赵可金．公共外交的理论与实践［M］．上海：上海辞书出版社，2007：359-360.

② 同 ① 366.

与美国州政府官员、地方企业以及基层社区组织建立紧密联系。索尼公司创始人盛田昭夫曾指出，日本的政治活动不应局限于美国国会和联邦政府层面，而应深入美国各地，与州和地方城市建立密切联系，这样才能使日本企业真正融入美国政治和经济的决策层。[①]据统计，截至1989年，日本在美国建立了700多个基层“根据地”，至少有6900家公司在美国和加拿大控制了10%的社区股份。这种深耕基层的策略对美国贸易政策产生了间接影响。例如，当对日强硬派议员在集会中批评日本的贸易保护政策时，当地听众会反对他们的观点，这正是日本基层公关政策成功的体现。[②]

为了维持这一庞大的游说网络，20世纪90年代，有学者统计，日本每年需要投入约1亿美元雇用1000名游说专家、资深律师、政策顾问和公共关系专家；投入约3亿美元建立覆盖全美的政治网络，从而影响公众舆论；投入约4亿美元支持政治竞选，影响美国的贸易政策，从而赢得美国市场。[③]此外，日本还在美国建立了强大的信息搜集网络。由于日本的政商关系一向比较紧密，日本企业在美国的分公司搜集到相关资讯或情报后，会及时告知在日本的母公司，而母公司则会及时通报日本政府。这张强大的信息网有助于日本政府搜集情报，同时也为日本企业和政府在美国开展公共外交提供了资料支持。

（三）日本对美国的游说案例

1. 彩电倾销案

美国电视机厂商在与日本电视机厂商的竞争中遭到了毁灭性的打击。面对日本的倾销行为，1980年，美日之间达成协议，日本赔

① 甘峰. 日本在对美经济贸易中的政治战略及功效［J］. 日本研究，1996（2）：23-27.

② 同①.

③ 赵天华. 日本在美国的经济攻势［J］. 经济社会体制比较，1992（6）：57-58.

偿美国 1.3 亿美元。不久之后，美方突然表示只需要赔偿 7700 万美元即可。随后赔偿金额更是降低到 1600 万美元。这一结果的背后，离不开日本家电协会的介入。据统计，当时被日本家电协会雇用的政府高级官员有 20 人以上。[①] 这些人奔走于美国政府与日本企业之间，积极为日本企业出谋划策，最终促成了这一对日本极为有利的赔偿方案。

2. 轻型货车关税案

在美国的要求下，日本政府自 1981 年起对轿车实施“自愿出口限制”，但轻型货车并未受到类似限制。当时，美国对进口轿车征收的关税税率为 2.5%，对轻型货车征收的关税税率则高达 25%。1987 年，日本汽车厂商发现，美国消费者对家用轻型货车的需求逐渐增加，对轿车的需求有所减少，这导致日本对美国出口轿车的配额出现了剩余。对此，日本车企在出口轻型货车时将其中一部分算作了轿车。这一策略不仅帮助日本车企消化了过剩的轿车出口配额，还成功提升了其在美国轻型货车市场的竞争力。然而，1988 年，美国关税局发现了日本利用关税漏洞的行为，并于 1989 年 1 月禁止日本出口商将轻型货车算作轿车。日本对此迅速做出反应：通过七国集团财长会议，日本联络了同样可能因为这一规定而利益受损的英国与西德，并请西德出面与美国财政部进行交涉。美国财政部随后表示会重新考虑关税局的决定，因此，新规定暂停实施。为了彻底废除这一规定，日本在华盛顿特区的游说团队积极行动，与美国贸易代表办公室和财政部展开会谈。同时，日本汽车厂商还联络了美国汽车进口商，让他们致信国会与政府，抗议关税局的决定。最终，新规定仅实行了一个半月，美国财政部便推翻了关税局的决定。日本的轻型货车能够继续享受 2.5% 的低关税。据悉，日本为此投入了 300 万美元的游说成本，换来的则是每年 5 亿美元的收入，

① 甘峰. 日本在对美经济贸易中的政治战略及功效［J］. 日本研究，1996（2）：23-27.

可谓是一笔极划算的投资。①

3. 东芝事件

东芝事件是冷战时期美日经贸关系中最为激烈的冲突之一。1987 年，日本东芝集团旗下的东芝机械公司想方设法绕过巴黎统筹委员会的禁运规定，向苏联出售了 4 台用于加工核潜艇螺旋桨的高精密数控机床。这一行为引起美国的强烈反应，美国政府对此极为愤怒，宣布对日本出口到美国的价值 3 亿美元的存储器征收 100% 的关税，这是“二战”后美国首次对日本进行经济制裁。同时，美国国会威胁将在 5 年内禁止东芝集团的所有产品进入美国市场。

面对严厉的制裁，东芝集团邀请与日本往来密切的美国公司出面游说国会。通用电气、惠普、摩托罗拉、洛克菲勒等知名财团和企业纷纷向美国政府施压，呼吁减轻对东芝集团的制裁。同时，东芝集团还动员了大量说客，游说美国政府和国会将东芝集团与东芝机械公司区别对待。这些说客表示，如果对东芝集团进行制裁，美国将在 1988 年损失 3.4 亿美元的税收，东芝集团雇用的 4000 多名美国雇员将面临失业，这可能会引起社会不满和经济动荡。此外，日本政府也在积极配合东芝集团，努力将事件的影响最小化。② 经过多方努力，美国国会通过了一项法案，3 年内禁止东芝机械公司的产品进入美国市场。相比最初 5 年内禁止东芝集团所有产品进入美国市场的要求，这一结果无疑是东芝集团取得的巨大胜利，而这一切都离不开东芝集团和日本政府在美国构建的庞大游说网络。

① 甘峰. 日本在对美经济贸易中的政治战略及功效［J］. 日本研究，1996（2）：23-27.

② 赵可金. 论日本对美国的游说活动［J］. 美国问题研究，2006（2）：261-263.

四、中国企业出海实践及未来路径

（一）中国企业竞争实例

近年来，中美经贸关系面临诸多挑战。美国政府对华战略日趋强硬，中美经贸摩擦逐步升级。在政策层面，美国外国投资审查委员会不断加强中国企业对美国关键技术和基础设施投资交易的审查力度；美国贸易代表办公室基于所谓的倾销及侵犯知识产权事由，对中国部分产品征收301关税；美国财政部海外资产办公室以涉俄交易、涉伊交易等为由，将部分中国实体列入“特别指定国民清单”，限制其在美国的经济活动；2020年，美方以禁止美国人投资“有军方背景的中国企业”为由，强制要求中国联通、中国移动和中国电信这三家中国在美上市公司退市。同样，美方认为华为会在电信行业威胁美国国家安全，先后采取了一系列严厉措施，包括将其列入“实体清单”，禁止使用美国技术，要求供应商断供，甚至对华为首席财务官孟晚舟提出指控，迫使华为退出北美市场。受这些因素影响，越来越多的中国企业选择主动退出美国市场。一个显著的标志是，大量中国企业从美股市场退市或取消了在美国上市的计划。

尽管出海事业面临诸多挑战，但仍有一批中资企业及关联主体凭借对北美市场规则的熟练掌握，灵活运用公关游说、公共传播和司法诉讼等手段，成功捍卫了自身权益。其中，具有代表性的企业有小米、TikTok、禾赛科技、长江存储等。

1. 小米公司胜诉案例

2021年1月14日，美国国防部根据特朗普政府的行政命令，将小米等9家中国公司列为“中国涉军企业”，并禁止美国投资者投资这些公司。对此，小米公司立即向美国政府提起诉讼，称这一决定“非法且违宪”，并否认与中国军方有任何关联。3月12日，美国哥伦比亚特区地区法院就小米公司起诉美国国防部一案发出初步禁制令，要求美国国防部暂停执行将小米公司列为“中国涉军企业”的决定及相关限制措施。5 月 11 日，小米公司与美国国防部通过发布《联合状态报告》达成和解，美国国防部同意不再上诉，并同意将小米公司从“涉军清单”中移除，同时双方将进一步协商相关决定的细节条款。这一裁决标志着中国企业通过法律手段成功捍卫了自身权益，为其他中国企业应对美国制裁提供了可借鉴的法律路径[①]。

2. TikTok 公关及诉讼努力

TikTok 作为一款风靡全球的短视频应用，在美国拥有 1.7 亿用户。然而，由于 TikTok 的母公司字节跳动与中国高度关联，因此 TikTok 在美国遭遇了一系列政治和法律挑战。自 2020 年 8 月起，美国政府以威胁国家安全为由，指控 TikTok 泄露用户信息，侵犯用户隐私。尽管 TikTok 始终积极满足美方所提出的数据安全管理要求，美国参众两院还是于 2024 年 3 月通过了一项禁令法案，要求字节跳动公司在 270 天内剥离 TikTok 在美国的业务，否则将面临全面封禁。

在该法案通过前后，TikTok 采取了一系列积极有效的应对措施。首席执行官周受资积极与美国国会议员进行沟通，努力消除误解。同时，TikTok 通过社交媒体平台发声，强调其对美国经济和社会的重要贡献，并揭露部分政客的虚伪。特别是在 2023 年 3 月 7 日，TikTok 动员了广大用户和内容创作者参与抗议活动，通过电话、社交媒体等渠道表达了他们的诉求和反对意见。面对美国参众两院的最终裁决，周受资于 4 月 24 日在 TikTok 官方账号上发布了“为用户权利而战”的宣言，TikTok 于 5 月 7 日以该裁决侵犯美国宪法第

① 财新网. 小米赢了，美国法院判决将其移除涉军企业清单 [Z/OL]. (2021-05-26) [2024-06-22]. https://www.caixin.com/2021-05- 26/101717950.html.

一修正案所规定的言论自由权利为由提起诉讼。尽管该案仍处于审理阶段，但 TikTok 凭借其卓越的用户体验，加之周受资在 2023 年美国国会听证会上的优异表现，已经赢得了广泛的公众支持，并树立了良好的社会形象。①

在选战期间，为了争取年轻选民的支持，加上共和党幕后重要支持者杰夫·亚斯持有大量字节跳动及 TikTok 股份的原因，特朗普一改其在 2020 年的态度，公开表示反对禁用 TikTok②。由于特朗普在选战中占据优势，他的立场可能为 TikTok 的最终命运增添新的变数。

3. 禾赛科技、长江存储积极起诉

由于中国激光雷达供应商禾赛科技于 2024 年 1 月 31 日被美国国防部错误列入“中国涉军企业”清单，禾赛科技借鉴小米公司的胜诉经验，于同年 2 月 7 日宣布，将对美国国防部提起诉讼，指控其错误行动导致自己声誉受损，股价下跌，商机流失，影响了自己在美国建厂的计划。禾赛科技要求将其从清单中移除，或宣布该清单违宪。

此外，中国存储芯片厂商长江存储于 2023 年 11 月 9 日向美国加州北区地方法院提起专利侵权诉讼，指控美光科技有限公司及其全资子公司未经授权使用其 8 项 3D NAND 技术专利。长江存储认为，美光此举旨在通过不正当手段迫使其退出市场。

这些诉讼不仅有力维护了企业自身的合法权益，更为广大中国出海企业在国际市场上争取到了平等、非歧视的竞争地位。

---

① 白杨. 风暴眼上的周受资［Z/OL］.（2023-03-30）［2024-06-22］. https://m.21jingji.com/article/20230330/5af86bb56912065274485d0226503661.html.

② Forbes. Billionaire Jeff Yass May Be The Donor Behind Trump's TikTok FlipFlop: Here's What To Know[Z/OL]. (2024-04-18) [2024-06-22]. https://www.forbes.com/sites/maryroeloffs/2024/03/18/billionaire-jeff-yass-may-be-the-donor-behind-trumps-tiktok-flipflop-heres-what-to-know/.

（二）中国企业未来的竞争路径

1. 利用产业联盟、基金会等共同应对出海风险

不难看出，面对美国单方面的制裁与打压，中国出海企业虽然可以通过深度交流沟通、公关游说、公共传播、司法诉讼等手段争取合法利益并树立正面形象，但由此产生的高昂经济费用和时间成本往往非中小企业所能承担，这也成为阻碍大量企业迈出国门的绊脚石。其实，中国企业可以借鉴20世纪日美贸易战时期日本的经验，通过加入或组建产业联盟，整合多家企业的优势资源，共同开展市场调研、技术研发、品牌推广等活动，降低单一企业的出海成本和风险。此外，也可以与美国商界合作，组建专项基金会，为企业提供资金支持、政策咨询、法律援助等服务。例如，2018年，中国投资有限责任公司与美国高盛集团合作成立了中美制造业合作基金，承诺在美国制造业、工业、消费、医疗等行业投资50亿美元，并通过开拓中国市场，深化中美经贸投资合作。截至2023年，该基金在过去5年的年化收益率达24%，这充分证明了世界第一大经济体和第二大经济体实现合作共赢的可能性[①]。

2. 主动探索美国市场的边界，构建两国利益共同体

中美合则两利，斗则俱伤。美国政商界的理性人士对此有清醒的认识，因此常有专家学者和行业联盟呼吁改善两国政治关系，取消对华加征关税。尽管从中短期来看，改善中美关系面临诸多挑战，但美国主流政界已形成共识，主张维持对华交流，合理管控分歧，并采取“去风险”而非“脱钩”的策略。这表明两国之间无论是竞争还是合作，都应存在合理且可预测的边界[②]。然而，美方利用主场优势，以战略模糊的姿态对中方形成威慑。要打破这种因“界

---

① 澎湃新闻. 中投公司祁斌：中美产业合作基金过去五年年化收益24%［Z/OL］.（2023-06-09）［2024-06-22］. https://www.thepaper.cn/newsDetail_forward_23419795.

② 吴心伯. 探索中美战略博弈的边界［J］. 国际问题研究，2023（2）：42-57+123-124.

不可知，而威不可测”造成的被动局面，中方需采取主动姿态，通过多种合理手段试探乃至挑战美方底线。只有这样，才能迫使美方做出妥协，进而推动构建“你中有我，我中有你”的中美利益共同体。

五、结语

鉴于中美两国在全球政治和经济领域的巨大影响力，两国之间的政治与经济博弈预计将持续相当长的时间，甚至可能成为21世纪国际政治的核心议题。与冷战时期的两极对抗不同，中美之间长期互动形成的深度经贸联系、科技合作和文化交流网络，使得这种竞争呈现出更为复杂的特征。在此背景下，中国商界和业界人士应积极适应新形势，既要勇于捍卫自身权益，也要坚定迈出海外投资经营的步伐。借鉴历史上日本等国在类似情境下的经验，中国企业可以通过谈判沟通、公关游说、公共传播、司法诉讼等手段开拓并巩固北美市场，深化行业内的互助合作，探索中美博弈的边界，努力构建合作与竞争并存的利益共同体。这不仅有助于提升中国企业的竞争力，还能为中美关系的稳定发展注入新动力。通过这一系列努力，中国不仅能够以高水平对外开放助推高质量发展，同时也将为实现“两个一百年”奋斗目标创造良好的战略环境，还能为维护世界和平做出独特贡献。

加拿大与法国留学生政策比较研究

井越①

摘要：作为深受留学生青睐的留学目的国，加拿大和法国在国际教育领域不断优化政策，以吸引更多的优质留学生。本文从接待政策、扶持政策、移民政策和质量保障政策四方面着手，对比加拿大和法国留学生政策的异同，分析两国实施不同政策的原因及影响。

关键词：加拿大；法国；留学生政策；对比

如今，国际教育作为国家重要的经济来源和人力资源宝库，已成为各国的“必争之地”。为争夺留学市场，注重国际教育的国家纷纷出台一系列优惠政策，以吸引各国学生。加拿大和法国也不例外，通过不断优化签证办理流程、持续加大奖学金力度等多项措施，吸引了越来越多的留学生选择它们作为留学目的国。法国高等教育署最新公布的《全球学生流动关键数据》显示，2021 年，加拿大和法国在全球留学生接待国排名中分别位居第五和第六。庞大的留学生群体给加拿大和法国各方面的发展都带来了影响。

① 井越，青海民族大学教师。

一、加拿大和法国留学生现状

国际教育作为加拿大和法国保持国际竞争力的重要支柱，一直深受政府的重视。疫情后，加拿大和法国接待的留学生数量逐年增加。

加拿大联邦移民部的统计数据显示，2019 年，加拿大引进留学生 40.7 万；2020 年受疫情影响，引进人数骤减，仅为 25.5 万；2021 年，引进留学生 44.4 万，数量恢复到疫情前的水平；[①]2022 年，引进留学生 55.1 万，人数持续增长。截至 2022 年 12 月 31 日，加拿大共有 807750 名持有效学签的留学生。[②]

法国高等教育署的统计数据显示，2020 年，法国的留学生人数为 25.2 万。[③]2022—2023 年，法国有近 41 万名留学生，人数呈递增趋势，留学生占法国学生总数的 14%。[④]

留学生数量的增加，既是对加拿大和法国教育实力的肯定，也体现了国家的综合实力。留学生群体不但对加拿大和法国的经济增长做出了突出贡献，而且有效弥补了当地劳动力市场的短缺。为了进一步增强国际教育的竞争力，加拿大和法国根据各自国情分别出台了一系列与留学生相关的政策。

---

① 国务院侨务办公室. 加拿大移民部：中国移民人数返疫情前水平，留学生人数减少[EB/OL].(2022-11-16)[2024-05-14]. https://www.gqb.gov.cn/news/2022/1116/55580.shtml.

② MOOSAPETA A. Canada breaks record by welcoming over 550000 new international students in 2022[Z/OL]. (2023-02-15) [2024-05-14]. https://www.cicnews.com/2023/02/canada-breaks-record-by-welcoming-over-550000-new-international-students-in-2022-0233097.html#gs.dgq681.

③ 中华人民共和国驻法兰西共和国大使馆. 法国成为世界第6大留学目的地和输出国[EB/OL].(2022-11-16)[2024-05-14]. http://fr.china-embassy.gov.cn/chn/ljfg/202309/t20230905_11138739.htm.

④ Campus France. La mobilité étudiante dans le monde Chiffres clés[Z/OL]. (2024-04-17) [2024-05-14]. https://ressources.campusfrance.org/noindex/chiffres_cles_2024_fr.pdf.

二、加拿大与法国留学生政策比较

加拿大和法国针对留学生的政策涵盖了从出发前的准备，到留学期间的学习与生活，乃至学业结束后的求职和移民等多个方面，但是，两国政策的具体内容不尽相同。

（一）接待政策

加拿大移民、难民和公民部宣布，自 2024 年起将实行为期两年的收缩新签发留学签证数量的政策。2023 年，近 55 万新获得学签的留学生赴加拿大学习和生活。2024 年，加拿大宣布将学签数量控制在 36.4 万，比上年减少了 35%（中小学、硕博研究生及目前已有学签者不包含在内）。2025 年新签发的留学签证申请数量将在 2024 年年底重新评估。①

与加拿大控制留学生数量的政策不同，法国依据目前留学生数量及增长幅度，设定了在 2027 年接待 50 万留学生的目标。②

（二）扶持政策

1. 合作项目

加拿大联邦政府出台的《立足成功：加拿大国际教育战略（2019—2024）》指出，将继续加强高等教育国际学术交流活动多样

① Government of Canada. Canada to stabilize growth and decrease number of new international student permits issued to approximately 360000 for 2024[EB/OL]. (2024-02-22) [2024-05-14]. https://www.canada.ca/en/immigration-refugees-citizenship/news/2024/01/canada-to-stabilize-growth-and-decrease-number-of-new-international-student-permits-issued-to-approximately-360000-for-2024.html.

② 杨泊微，张凯. 法国高等教育留学政策的经验与启示［J］. 天津中德应用技术大学学报，2023（2）：40-45.

性的建设。在国家层面战略规划的引领下，各省高校根据实际情况设立了具体的国际交流合作项目，[①]如加拿大不列颠哥伦比亚大学暑期交流项目等。

法国作为欧盟成员国之一，参与了两项始于欧洲国家的国际合作项目。一是"'伊拉斯谟+'计划"。该计划最初只惠及欧洲境内学生，他们可以在欧洲境内跨国学习。2004年启动的"伊拉斯谟世界计划"面向世界各地的学生，通过访问学者及联合培养研究生等形式吸引世界各国优质生源，提高欧洲教育质量，提升欧洲教育影响力。2014年至今实行的"'伊拉斯谟+'计划"投入了大量资金，促进了欧盟及世界各国在人才、知识和创新等领域的合作。[②]二是"博洛尼亚进程"。该项目始于1999年，是欧洲高等教育一体化改革计划，旨在建立一个统一的欧洲高等教育区，在"共同圈"中学位互认，增强欧洲国家高等教育的国际竞争力。凡属"博洛尼亚进程"签约国的大学毕业生，其成绩和毕业证书在所有签约国内都可以得到认可。[③]

加拿大通常以学校为主体开展国际合作项目，这和其国家制度有关。加拿大是联邦制国家，高校对教育有较大的自主权。根据《立足成功：加拿大国际教育战略（2019—2024）》，联邦政府不仅为各省提供资金支持，还帮助各省制定更合理的国际教育发展规划。[④]而法国是"'伊拉斯谟+'计划"和"博洛尼亚进程"的主力国家，同时也有学校开设的合作项目。由此可见，两国都非常重视国际交流合作，力争以此吸引优质留学生，打造国际教育品牌。

---

① 徐琼. 加拿大国际教育战略发展动因、内容与挑战——基于《立足成功：加拿大国际教育战略（2019-2024）》的分析[J]. 比较教育研究，2020，42（12）：21-29.

② 李谦."伊拉斯谟+计划"对地方高校教育国际化发展的启示[J]. 铜仁学院学报，2021，23（6）：41-49.

③ 柏桦，陈达. 欧洲高等教育国际化对我国的启示[J]. 成都工业学院学报，2022，25（1）：89-92.

④ 同①.

2. 奖学金

根据《立足成功：加拿大国际教育战略（2019—2024）》，加拿大计划从两方面着手优化奖学金政策。一是整合当前较分散且多针对特定地区或特定学生群体的奖学金项目①；二是计划5年投资500万加元，专门为在加拿大学习的留学生提供额外奖学金，②以吸引更多的优秀留学生。

自2019年起，法国政府将非欧盟在法留学生的学费提高了10倍。调整后，本科生和研究生每年收取的注册费分别为2770欧元和3770欧元③。与此同时，欧洲与外交事务部门加大了对留学生的奖学金发放力度，并扩大了奖学金覆盖面，奖学金项目由7000项增加至15000项。各高校也增加了奖学金获得者的名额。因此，获得奖学金或者减免学费的学生的比例大幅度上升④。

选择留学目的国时，学费、奖学金和生活成本是留学生考虑的关键因素。加拿大将奖学金明确列入本国的国际教育战略中，可见奖学金政策对提升国际教育竞争力和吸引力的重要性。再看法国，提高注册费后，国家用发放更多奖学金的方式对留学生进行了一定的经济“补偿”。由此可见，加法两国都希望通过不断优化奖学金政策来吸引更多的留学生。

（三）移民政策

加拿大最新施行的移民政策对留学生产生了诸多影响。2023年12月7日，加拿大移民、难民和公民部长马克·米勒宣布，为了让

---

① 张献珍. 加拿大国际教育新战略及其对中国的启示［J］. 大学，2022（2）：1-6.

② 王婷婷. 法国高等教育吸引留学生的新战略探析［J］. 世界教育信息，2019，32（3）：17-20+35.

③ 杨泊微，张凯. 法国高等教育留学政策的经验与启示［J］. 天津中德应用技术大学学报，2023（2）：40-45.

④ 同②.

留学生有足够的经济保障，将提高对学签申请者的生活费要求，即除了第一年的学费和旅费外，单个申请者需提供20635加元的存款证明。[①] 自2024年2月15日起，加拿大允许完成2年学习及学习时间低于2年的硕士毕业生申请3年的毕业工签，但公私合作院校毕业的留学生没有申请资格。关于留学生伴侣的签证新规，加拿大最新公布的《移民法》规定，只有攻读硕士和博士学位的留学生的配偶才可以申请开放式工作许可。

法国于2023年末通过的《新移民法》规定，为了防止学生非法滞留法国，外国留学生在申请居留许可时需缴纳一定的押金，这笔钱会在学生回到原籍国或在法国获得其他合法身份后返还。此外，新法对在法外国人申请家人来法的相关规定进行了修订，在居住时间、经济保障和语言要求三方面均有变化。首先，申请人在法国的生活时间需满足24个月，而在此之前的要求为18个月；其次，新法加强了对经济状况的要求；最后，新法要求申请人的家庭成员来法之前必须具备“能够进行基本交流”的法语水平。[②]

根据加拿大实施的新移民政策，硕士毕业后才有资格获得3年工签，只有攻读硕士和博士学位的留学生的配偶才可以申请开放式工作许可。这一变化使硕士和博士项目会更加抢手，竞争愈发激烈。加拿大目前发放的工签时间更长，对留学生更具有吸引力，有助于毕业生有更加充足的时间找到合适的工作。

① Government of Canada. Making Canada's International Student Program sustainable [EB/OL]. (2024-01-22) [2022-05-14]. https://www.canada.ca/en/immigration-refugees-citizenship/news/2024/01/making-canadas-international-student-program-sustainable.html.

② 中华人民共和国驻法兰西大使馆. 法国新版移民法草案有何变化？［EB/OL］.（2023-11-16）［2024-05-14］. http://fr.china-embassy.gov.cn/chn/ljfg/202311/t20231116_11181867.htm.

（四）质量保障政策

自 2024 年 5 月 1 日起，加拿大留学生在读期间的校外工作时间规定为每周 20 小时。相关部门将继续研究此项政策，关于这一时间的规定未来或将延长。法国对留学生在读期间每周校外工作时间规定为 20 小时。充足的校外工作时间不但有助于留学生合理规划时间，确保在非工作时间内全身心投入学习，而且有助于留学生提前熟悉工作环境和内容。如果学业结束后有意向申请移民，前期的工作经历也有很大助益。

此外，为进一步提高法国高等教育机构接待留学生的能力，保障服务质量，法国于 2019 年起启动了“欢迎来法国”认证项目。这是一项增强法国高等教育国际吸引力的战略规划。“欢迎来法国”项目实行国家统一的认证标准，从信息的质量和获取便利性、接待设施及条件、教学辅导质量、住宿及校园环境、就业辅导等六方面检验高校接待留学生的服务质量，认证合格的高校将被颁发统一的认证标志。

加拿大虽然没有类似“欢迎来法国”的国家统一认证项目，但从国家层面出发，出台了一系列政策以保障留学生的合法权益。例如，新出台的《移民法》要求高等教育指定学习机构必须直接和移民部确认每一位学签申请者的录取通知书的有效性。此举保障了留学生不被虚假录取通知欺诈，确保只有获得真实有效的录取通知书的留学生才能获得学签。

三、加拿大与法国留学生政策异同分析

留学生作为丰富加拿大和法国社会文化的重要元素，深受两国政府重视，吸引优质留学生是两国的共同目标。加拿大和法国在留

学生政策方面的异同与国家历史、社会文化等密切相关。

加拿大和法国在留学生政策方面的相似之处有以下几点：一是不断调整和优化留学生政策。例如，加拿大一直在探索国际教育的发展方向，力图自上而下联动发力，扩大国际影响，争取更多的留学生资源。法国也是如此，通过增加法语培训和英语授课课程、简化签证办理流程等措施吸引留学生。二是加大宣传力度，打造国际品牌。加拿大和法国都非常注重全球教育宣传。其中，加拿大明确规定，5 年将提供 2410 万加元用于实施有针对性的数字营销策略，从而吸引全球各地的留学生。①

尽管法国接收留学生的历史比加拿大悠久，但是自 20 世纪以来，加拿大通过一系列政策在国际教育方面发展迅速，留学生总数激增。截至目前，在加拿大的留学生总数远远超过在法国的留学生总数。加拿大更吸引留学生的原因有以下几点：一是法国的官方语言是法语，而加拿大有英语和法语两种官方语言，加拿大更适合来自不同语言背景的留学生；二是两国实行不同的移民政策，加拿大移民项目种类较多，其中包含留学生毕业后申请永久居留的项目，相较而言，加拿大对移民的态度更为友好；三是加拿大更包容多元文化，加拿大推行多元文化主义政策，鼓励来自世界各地的人保留各自国家和民族的文化，并尊重文化的多样性②。

当下，法国以开放的姿态欢迎来自世界各地的留学生，而加拿大则呈现出比较保守的态度。近年来，赴加拿大留学的人数持续增长。庞大的留学生群体如同一把“双刃剑”，对社会产生了一系列影响。一方面，加拿大人口老龄化问题日趋严重，留学生大多是至少掌握两门语言的年轻劳动力，有些还掌握市场急需的技术，他们

① 周付军，李天峰，付城. 加拿大国际教育战略的动力转换、战略转向与经验启示［J］. 高教探索，2021（12）：81-88.

② 许凌博，饶从满，吴宗劲. 新世纪加拿大多元文化主义教育政策的坚守与调整［J］. 外国教育研究，2023，50（12）：31-46.

有效缓解了当地劳动力市场的压力；另一方面，留学生加剧了当地住房资源紧张的局势。房租低廉的公寓是留学生的首选，同时也受到当地低收入家庭的青睐，导致双方在有限的资源上展开竞争。为了改善这一局面，同时给予加拿大政府“缓冲”的时间，加拿大政府采取了限制学签发放数量的措施。这一措施不仅能够打击那些一味谋求经济利益的院校，而且可以筛选出真正有求学意愿的人。

法国目前并未面临与加拿大类似的社会服务方面的压力，因此法国大力欢迎来自世界各地的学生。留学生不仅可以带来可观的经济收益，缓解劳动力短缺的压力，而且对提升国际地位有促进作用。但是，国际教育是可持续发展的产业，需要不断调整和完善，法国政府是否需要从加拿大战略改革措施中汲取经验，开展前瞻性部署，提前统筹住房和医疗服务等社会资源，值得研究和深思。

从法国骚乱及移民问题政治化反观加拿大移民政策

杨燕萍[①] 王鲲[②]

摘要：2023年6月27日，法国巴黎西部郊区一名非裔少年因无证驾驶被警察截停，并在试图逃离现场时被警察用手枪近距离射杀。该事件迅速发酵并引发了法国40年来最严重的骚乱[③]。由于大多数骚乱参与者涉及移民群体，原定于年底进行的关于法国新移民法案的辩论提前受到了各方关注。法国各在野党借此机会重申各自对移民和社会安全问题的立场，对法国政府提出了诸多批评和要求。在欧洲难民问题持续不断的背景下，法国民众和政坛在移民问题上呈现出"右倾"的趋势。移民问题成为法国各政党争夺选民的抓手，这在一定程度上掩盖了真实复杂的社会经济问题，加深了法国社会内部的分裂。而同为移民大国的加拿大，虽然在移民接纳和安置过程中也会面临盗窃、殴斗、抢劫等犯罪事件，但这些事件却没有演变为全国性的大规模骚乱。在加拿大，移民问题尚未成为能对选举产生重要影响的政治议题。究其原因，除了政策因素以外，

---

① 杨燕萍，中国人民大学中法学院讲师。

② 王鲲，北京外国语大学法语语言文化学院教授，教育部中法人文交流研究中心（北京外国语大学）副主任。

③ IFOP. Emeutes: Premiers Éléments de Diagnostic[Z/OL]. (2023-07-17) [2024-05-18]. https://www.ifop.com/publication/emeutes-premiers-elements-de-diagnostic/.

也与加拿大的地理位置、历史背景等“先决条件”密切相关。以法国的移民问题和骚乱事件及其引发的政治问题为参照，反观加拿大的移民问题，有助于从多方面、深层次地理解移民大国所面临的问题及对策，并对未来可能出现的问题进行预判。

关键词：法国；骚乱；移民；移民法案；加拿大

一、法国2023年骚乱的新特征

2005年，两名来自法国巴黎郊区的少年为躲避警察的追捕逃进变电站后触电身亡。这起事件在法国引发了三周的骚乱，其间，上万辆汽车被烧毁，两百余座公共建筑遭到破坏，法国政府宣布国家进入紧急状态。此次骚乱造成的破坏程度和影响在当时堪称历年之最[①]。相较之下，2023年爆发的骚乱涉及地域更广，参与人数更多，破坏更加严重，影响也更为恶劣。在法国政府和警察的大力干预下，这次骚乱虽然只持续了一周左右，但其暴力程度仍达到了法国骚乱历史之最，且带有比较明显的反建制色彩。

首先，这次骚乱涉及的市镇更多，范围更广，破坏性更强。2005年的骚乱最初集中在死亡青年班纳和特拉奥雷的居住地附近，随后才逐步向其他郊区扩散。而2023年，就在纳艾尔事件发生后的当晚，南泰尔（事故发生地）、巴黎近郊甚至是其他省份和市镇（里昂、鲁北、雷恩、科尔马等地）都发生了暴力事件。6月29日到30日，骚乱迅速蔓延至全法。根据法国政府部门发布的联合调查报告，96个法国本土大省中有66个大省、516个市镇发生了骚乱。在2005年的骚乱中，仅有25个法国本土大省、200个市镇发生了

① VINCENZO C. Les Jeunes Émeutiers de Novembre 2005: Retour sur le terrain[J]. Le Debat, 2007, 145(3):165-181.

骚乱[①]。根据法国战略分析中心的数据，2005 年的骚乱导致约 9400 辆车被损毁[②]；根据法国内政部长达尔马宁透露的数据，在 2023 年的骚乱中被烧毁的车辆约有 1.2 万辆。同时，2023 年骚乱对公共建筑的破坏也显著升级。2005 年，有 233 座建筑在骚乱中受到损坏；2023 年，仅针对警察机构的袭击及纵火事件就有 273 起，另外还有 168 起针对学校、105 起针对法国市政部门，以及 150 起针对法国公共部门的暴力事件，总计约 2500 处公共和私人建筑被损坏。法兰西岛运输联合会表示，骚乱给法兰西岛公共交通造成至少 2000 万欧元的损失。法国企业运动组织负责人若弗鲁瓦·鲁·德贝齐厄在接受《巴黎人报》采访时表示，这次骚乱给企业造成的损失估计高达 10 亿欧元。

其次，在 2023 年的骚乱中，发生了一些带有反建制色彩的恶性事件。除了蓄意破坏公共建筑和设施，对警局、各机关单位和学校发起攻击之外，法国各地市长的个人居所也成为骚乱者袭击的目标。7 月 1 日深夜，骚乱者用点燃的汽车袭击了巴黎近郊拉伊莱罗斯市市长的住所。市长文森特·让布兰当时不在家，他的妻子和两个孩子在逃离过程中再次遭到暴徒袭击，其妻子受伤后被送往医院。在这次骚乱中，大量的烟花制品成为骚乱者袭击和伏击警察的武器，这对原本占据绝对优势的警察群体造成了一定冲击。法国民调机构 IFOP 推测，这次骚乱可能有犯罪团伙参与，他们利用青少年容易操控的特点和法律对青少年惩罚较轻的漏洞，通过向青少年

---

① MARIANNE L. Rapport sur les Émeutiers: la Carte de la France qui S'embrase N'est pas la Même qu'en 2005[Z/OL]. (2023-09-12) [2024-05-18]. https://www.marianne.net/societe/police-et-justice/rapport-sur-les-emeutiers-la-carte-de-la-france-qui-sembrase-nest-pas-la-meme-quen-2005.

② 不同机构给出的评估数据有所差异，《观察者报》报道数量为 10346 辆。参见 Ouest-France Émeute de 2005: comment la crise s'était-elle terminée? [EB/OL]. (2023-07-03) [2024-05-18]. https://www.ouest-france.fr/faits-divers/violences/emeutes-de-2005-comment-la-crise-setait-elle-terminee- 03509a36-199b-11ee-b34a-b36553860272.

提供烟花和行动指导等方式，推动骚乱不断升级。

在这次规模庞大的骚乱中，涉事人数剧增，并且犯罪群体呈现年轻化的趋势。2005 年的骚乱持续了三周，其间，被逮捕的骚乱参与者总计 4700 人[①]；而在 2023 年的骚乱中，前五天被逮捕的人数就已经达到了 3500 人，虽然总数相对较少，但单日逮捕率更高。法国内政部长达尔马宁表示，有 8000 ～ 12000 人参与了 2023 年的骚乱。然而，法国民调机构 IFOP 推测，这个数字应该更高，除非警方逮捕了 30% ～ 40% 的骚乱参与者，但这在处理夜间骚乱事件中被认为是不太可能完成的任务。通过分析当地媒体、视频和大量文章，再结合有关城市和社区的居民数量，以及当地社区的反馈，该机构预测总共约有 5 万人参与了这次骚乱。由于参与人数众多，2023 年负伤的警员相比 2005 年增加了 500 多名，攀升至 722 人。此外，有不少未成年人参加了这次骚乱。2005 年骚乱参与者中最小的只有 15 岁；2023 年，骚乱参与者的平均年龄仅为 17 岁，最小的只有 13 岁。在 2023 年 6 月 29 日被捕的近 1000 名骚乱者当中，有三分之一都是未成年人。

在 2023 年的骚乱中，社交网络扮演了重要角色。2023 年，警察射杀纳艾尔的视频迅速在网络上蔓延，其传播速度超出人们的想象，短短一两天内观看次数就超过了 2500 万次。这段视频与法国警察内部信息记录系统中的记录相悖，这不仅再次引发舆论对警察暴力执法的讨论，而且成为后续调查和起诉涉事警察的重要依据。视频中，两名警察站在纳艾尔驾驶座一侧，其中一名警察在车辆启

① 不同机构给出的评估数据有所差异，这是法国民调机构 IFOP 的数据。《观察者报》报道数量为 5200 人。

动时朝驾驶座上的纳艾尔开枪[①]。而警方则称纳艾尔在被截停后试图驾车冲撞警察[②]。许多法国民众观看视频后发现警方言论与视频内容不符，愤懑不已，纷纷上街游行，认为警察得到了某种庇护，并且警察内部存在种族歧视[③]。

在此次骚乱中，社交网络不仅加快了纳艾尔事件的传播速度，扩大了其影响力，严重冲击了警察的公信力，而且在煽动青少年集会和打砸抢的过程中起到了推波助澜的作用。由纳艾尔事件引发的骚乱经历了一个逐渐演变的过程。骚乱初期，民众以游行活动为主，目的是反对警察暴力执法，没有发生大规模冲突。然而，随着事件迅速发酵，在社交网络的助推之下，游行变成了骚乱，主要目的是发泄对警察甚至是对政府和国家的愤怒，袭击的目标主要是警署、市镇派出所等国家和地方组织机构。民众与警察之间的冲突及民众对公共财产破坏的视频，在网络上广泛传播。社交网络成了“郊区暴力美学”的展示平台，煽动更多年轻人盲目地参与到骚乱中。法国官方调查显示，这次骚乱中有 29% 的人因受群氓效应影

① Le Progrés. Violences policières: Comment la Vidéo S'est Imposée omme une Arme de Contradiction Massive[Z/OL]. (2023-06-30) [2024-05-18]. https://www.leprogres.fr/science-et-technologie/2023/06/30/violences-policieres-la-video-arme-de-contradiction-massive.

Radio France. Mort de Nahel: Qu'est-ce que la Fiche Pégase, dans Laquelle l'Intervention des Policiers a été Décrite? [Z/OL]. (2023-07-07) [2024-05-18]. https://www.francetvinfo.fr/faits-divers/adolescent-tue-par-un-policier-a-nanterre/mort-de-nahel-qu-est-ce-que-la-fiche-pegase-dans-laquelle-l-intervention-des-policiers-a-ete-decrite_5934560.html.

② FOURNIER C, JAUSSENT V. Mort de Nahel: Comment les Images diffusées sur les Réseaux sociaux ont Changé le Traitement judiciaire des Violences policières[Z/OL]. (2023-06-29) [2024-05-18]. https://www.francetvinfo.fr/faits-divers/adolescent-tue-par-un-policier-a-nanterre/mort-de-nahel-comment-les-images-diffusees-sur-les-reseaux-sociaux-ont-change-le-traitement-judiciaire-des-violences-policieres_5919980.html.

③ OBERTI M, LE GALL M. Analyse comparée et socio-territoriale des Émeutes de 2023 en France[Z/OL]. (2023-10-10) [2024-05-18]. https://www.sciencespo.fr/fr/actualites/decryptage-comprendre-les-emeutes-de-juin-2023-avec-marco-oberti/.

响而采取行动。[①]这次骚乱中还出现了大量投机行为，不少骚乱者趁乱对城市中心的企业和商店进行了大规模抢劫。调查报告显示，41% 的骚乱参与者将投机视为参与骚乱的动机。骚乱后期以打砸抢为主，与纳艾尔事件（反对警察暴力执法，反对歧视和种族主义）的关联度已经大大减弱。骚乱者甚至在事后将视频上传到社交网络上，以戏谑的口吻自豪地介绍他们的“战利品”。由此可见网络效应和消费主义对这群年轻人的刺激之大和影响之深。

二、骚乱事件的政治化

纳艾尔事件一经爆出，法国政府就曾试图将这一事件去政治化，将其作为一个独立的犯罪事件来处理，以平息民怨，避免事态进一步恶化。法国总统马克龙曾公开表示，警察射杀纳艾尔的行为是一种“无正当理由”的犯罪行为。时任法国总理伊丽莎白·博尔内也表示“该警察的射杀行为显然不合规”，并指出“需尽快弄清事实真相”。面对法国内政部长达尔马宁为维护警察权力和威严而做出的有争议的辩护，马克龙强调，警察和宪兵应该尊重并按照共和国的法律和职业道德规范行事。面对游行和骚乱，法国总统、总理以及南泰尔市市长集体承诺将秉持司法公正的原则处理纳艾尔事件，并呼吁民众保持冷静。法国绝大部分政党和官员也都赞成将恢复社会秩序排在第一位。

法国政府不顾在野党的呼吁，一直未宣布国家处于危机状态。为尽快结束这次骚乱，法国政府不仅派出了大量警力，也试图多管齐下，从多方面着手解决骚乱问题。在 2005 年的骚乱中，最高出

① RÉDACTION L. Émeutes de 2023: le Rapport de l’IGA et de l’IGJ Témoigne de l’Ultraviolence[Z/OL]. (2023-09-12) [2024-05-18]. https://www.frontieresmedia.fr/societe/emeutes-violence-immigration-france-nahel-police-securite.

警人数为12000，2023年升至45000。法国在这次防骚乱行动中还动用了特警部队和宪兵特勤队。由于骚乱影响恶劣，法国政府采取了更为严厉的态度来惩戒骚乱参与者。8月29日，司法部长表示，有2107人在8月1日被抓捕，其中1989人被判刑，1787人被判入狱。对于未成年骚乱参与者，政府也表明了严厉的立场。对于那些不满13岁、原则上不用承担法律责任的骚乱者，政府要求司法部门核查并确认，并在可能的情况下对相关人员进行起诉[①]。马克龙不仅敦促司法部门加快审理与骚乱相关的案件，还提出“对参与骚乱的年轻人的家庭施以经济处罚”，比如对首次参与骚乱的青少年处以最低罚款。法国的《刑法典》和《民法典》中已有相关规定，明确了父母因疏于管教子女而应受的惩罚。然而在实际操作中，那些忙于生计的单亲家庭的父母很少遭到处罚[②]。法国前总理曾提出让参加骚乱的青少年参加“军训”以作惩戒[③]。对于在这次骚乱中扮演了重要角色的社交网络，马克龙表示，法国政府正在考虑加强社交网络的监管措施，未来“不排除在发生危机时切断社交网络的可能性”。针对骚乱造成的巨大损失，政府也采取了一系列补救措施，比如出台了《紧急法》草案，以加快骚乱后的重建工作，加快修复被毁坏的摄像头。马克龙还承诺向受骚乱影响的城市提供财政援助，用于修复道路、市政设施和学校。此外，法国经济、财政及工业、数字主

---

① GONZALÈS P. Émeutes: Éric Dupond-Moretti donne un tour de vis à la justice pénale des mineurs[Z/OL]. (2023-07-06) [2024-05-18]. https://www.lefigaro.fr/actualite-france/eric-dupond-moretti-donne-un-tour-de-vis-a-la-justice-penale-des-mineurs-20230705.

② 董铭. 1200未成年人骚乱中被捕，马克龙提议对未成年“暴民”父母罚款[N/OL]. 环球时报，2023-07-06. https://baijiahao.baidu.com/s?id=1770622289333790308&wfr=spider&for=pc.

③ PIERSON E. Qu’est-ce que l’Encadrement militaire, proposé par la Droite face à la Violence des Jeunes? [Z/OL]. (2021-03-11) [2024-05-18]. https://www.lefigaro.fr/politique/qu-est-ce-que-l-encadrement-militaire-propose-par-la-droite-face-a-la- violence-des-jeunes-20210311.

权部长勒梅尔表示，正在考虑允许企业取消或推迟缴纳社保和税金，企业申报保险理赔的时限可能从 5 天延长至 30 天。①

尽管马克龙政府付出了诸多努力，但依旧未能避免该事件被政治化。首先，纳艾尔事件和大骚乱成为法国各在野党博取政治关注和相互攻击的重要抓手。党派纷争加深了党派内部和党派之间的分歧，模糊了事件的焦点，不利于问题的解决。在法国政府和其他政党呼吁民众恢复冷静时，不屈法国党的党首梅朗雄却拒绝顺应这一呼声，并在社交平台上发表言论："看门狗命令我们呼吁大家恢复冷静，而我们呼吁公平公正。"虽然这一言论符合他一直以来争取平民阶层以及年轻人的选举策略，也得到了许多反种族歧视斗士的支持，但不恰当的措辞引发了执政党和其他在野党的一致批评。不仅如此，该言论也再次引起了梅朗雄所在党派内部甚至整个左翼联盟在这一问题上的分歧。梅朗雄原本希望通过这一举动为民众的愤怒找到一个发泄口，并对法国政府和内政部在维护社会秩序方面的做法提出质疑，结果却适得其反，不仅使个人形象和威信受损，还影响了整个左翼力量，加剧了党派内部和左派联盟的分歧，助长了极右势力的声势。国民联盟主席乔丹·巴德拉将梅朗雄不愿呼吁民众恢复冷静一事描述为"公共危险"，并质疑其发出的抵制言论是"坐在家里的沙发上"② 想出来的。

法国各党派以纳艾尔事件为焦点，展开了激烈的政治交锋，其中尤为突出的是关于警察的权力和责任的争论。此番争论并没有带来更有效可行的解决方案，反而进一步凸显了法国长期以来根深蒂

① MAZUIR V. Émeutes de l'Été 2023: la Réponse du Gouvernement[Z/OL]. (2023-10-27) [2024-05-18]. https://www.lesechos.fr/politique- societe/societe/emeutes-urbaines-la-reponse-de-macron-1959682.

② LEPELLETIER P. Émeutes: «Il n'y a plus aucune limite à la violence», dénonce Jordan Bardella[Z/OL]. (2023-07-02) [2024-05-18]. https://www.lefigaro.fr/politique/jordan-bardella-il-n-y-a-plus-aucune-limite-a-la-violence-20230702.

固的“警民危机”，各政党为争夺政治信誉发表的言论和采取的行动也进一步扩大了警察与移民群体之间的鸿沟。尽管法国司法部长杜蓬–莫雷蒂强调，正在进行的司法调查针对的是一名涉事警官而不是警察这一群体，但法国政党和警察组织机构、执政党和在野党的左右派，仍就涉事警察和纳艾尔的权益和责任问题展开了激烈的争论。争论的焦点包括：在当时的情景下，涉事警察是否有权开枪？理论上，该警察是否受无罪推定原则的保护？司法机关是否能凭借一段视频就采取抓捕行动？法国政府对此持中立态度，不愿参与这场政治角逐，在强调警察枪击纳艾尔致其死亡是犯罪行为，并呼吁司法机关要公平公正地审理此案的同时，也不忘感谢警察队伍对法国的安全和治安做出的贡献和牺牲。左派政党比较倾向于支持在这起事件中身亡的纳艾尔，右派政党（法国内政部长所在的党派）则倾向于支持警察一方。法国政府和在野党的左派人士认为，涉事警察应该就开枪打死纳艾尔一事承担相应的责任。然而，法国传统右派共和党和极右派国民联盟则认为，应该考虑到“纳艾尔的死亡与其意图逃避检查有关”。

关于警察是否有权开枪的问题，讨论的焦点在于2017年法国颁布的关于警察使用枪械的相关法律。2016年10月，维里沙蒂永（埃松省）的四名警察遭到袭击，该事件促成了该法于2017年2月正式通过。自该法实施以来，根据第435–1条，执法人员“在绝对必要时可以采取适当行动”，尤其是当驾驶人拒绝配合执行任务并且“可能会对执法人员或他人的生命健康权造成损害时”，可以使用武器加以应对。当时有专家曾警告称，这一放宽警察使用枪支的法律条款可能会“让警察认为自己在使用武器问题上获得了更多自由”。纳艾尔事件发生后，上塞纳省绿党议员萨布丽娜·塞拜希便提出了质疑：“该法律表述不明确，含糊不清，会导致警方对武器的使用做出个人解读，而这种解读是否正确有待商榷。”同时，她认为，纳艾尔事件并非孤立事件。不屈法国党的议员玛蒂尔德·帕诺提议通过提交法案废除该法第435–1条。她认为，该法律条款相当于给警察颁发了“杀人许可证”。也有左翼民选官员认为，该法律条款本身没有问题，问题在于警察如何对该法律条款进行“解释”和“应用”。如索恩–卢瓦尔省社会党议员塞西尔·翁特迈尔所言：“无论法律文本如何，只要警察没有接受过枪械使用的培训，类似的过激行为就还会出现。”

由于场面极度混乱，在控制骚乱的过程中，不少民众无辜受伤，一些警员因疑似中伤民众而被拘留或是面临起诉，这进一步加剧了内政部和警察组织机构对于保护警察权益的诉求。法国国家警察总局局长弗雷德里克·沃曾公开表示，即使一名警察在工作中犯错或出现重大失误，也不能在最终审判之前被关押。① 不可否认，近年来，法国警察面临人手不足、预算有限、工作环境恶劣等问题。警察的支持者（包括各警察机构和工会、警察家属和部分普通民众）坚决捍卫警察在执行任务并面临潜在危险时享有使用武器的权利。与此同时，很多像纳艾尔一样生活在郊区、有移民背景的年轻人正面临着社会融入困难的问题，他们与警察之间的矛盾日益加深。警察对这些年轻人常表现出不尊重的态度，有针对性地、反复地对他们进行身份检查；郊区青年则会对警察进行谩骂，甚至用石头等物体袭击警察。由于法规、习俗和生活方式的不同，这些具有移民背景的郊区青年对法国社会的归属感和认同感比较低，在就业、住房等问题上也常常遭受歧视。再加上与警察之间的紧张关系，他们的社会融入问题就变得更复杂了。这些人与大量新移民集中在同一空间，进一步加剧了族群的自我封闭，使移民的社会融入问题变得更加困难，进一步加剧了法国社会内部的分裂。纳艾尔事件中的涉事警察因涉嫌故意杀人罪被正式调查并拘留后，法国新进

① MONDE L. Les Magistrats Dénoncent les Propos du Patron de la Police nationale [EB/OL]. (2023-07-26) [2024-05-18]. https://www.lemonde.fr/societe/article/2023/07/23/avant-un-eventuel-proces-un-policier-n-a-pas-sa-place-en- prison-estime-frederic-veaux-directeur-general-de-la-police-nationale_6183119_3224.html.

极右派代表人泽穆尔的前发言人让·梅西哈为该警察及其家属发起了募捐活动，仅四天时间就从50600名捐赠者那里募集到了100多万欧元。与此同时，在网站上发布的为支持纳艾尔家庭的募捐活动也募集到了约20万欧元（截至2023年7月3日14点）[①]。类似的募捐活动在法国还有很多。从参与募捐的人数和金额可以再次窥见法国社会分裂之深。

其次，由于在该事件中身亡的少年纳艾尔以及大部分的骚乱者都有一个共同身份——移民后代，因此移民问题再次成为法国极右政党甚至右翼政党攻击的目标。法国的极右翼也借此机会，为在新的移民法案中提出更严苛的条款做了铺垫。尽管法国内政部长达尔马宁强调，90%的骚乱者是法国人，仅有10%是外国人，并反对以出身和身份为出发点对骚乱原因进行解析[②]，法国左派政党也认为骚乱的发生和持续与移民问题无关，并强调学校教育、规则意识、个人能力对于年轻人的重要性，但右派和极右政党却一致将矛头指向了移民。共和党主席埃里克·西奥蒂认为，骚乱是对法兰西共和国的打击，并将骚乱这一野蛮行为及其所造成的损失归咎于大批量的移民，要求剥夺拥有双重国籍的骚乱参与者的法国国籍。极右政党收复失地党领导人泽穆尔将导致骚乱的首要原因归咎于移民，将法国郊区比作“外国人聚集的飞地”，并认为在郊区存在着种族间的

① FIGARO L. La Cagnotte pour le Policier Atteint plus de 1 Million d’Euros[Z/OL]. (2023-07-04) [2024-05-18]. https://www.lefigaro.fr/actualite-france/mort-de-nahel-une-cagnotte-de-soutien-au-policier-auteur-du-tir-depasse-les-200-000-20230701.

② BFMTV. «Nationalité faciale», «Régression ethnique»... Le discours décomplexé de la droite et son extrême[Z/OL]. (2023-07-07) [2024-05-18]. https://www.bfmtv.com/politique/front-national/nationalite-faciale-regression-ethnique-le-discours-decomplexe-de-la-droite-et-son-extreme-face-aux-emeutes_AN-202307070493.html.

战役[①]。传统极右党派国民联盟的领导人勒庞没有直接批判移民，而是将攻击对象瞄准了政府，认为是政府让郊区变成了“不法之地”，是政府让郊区陷入“自我封闭”和“犯罪化”。而该党派的乔丹·巴德拉则将矛头对准了移民，他表示，我们面对的是一群想要杀死警察的人，并认为这一情况与完全不合理的移民政策有关[②]。在这一问题上，右派与极右翼的立场越来越接近。在骚乱者身份问题上，法国右派政党共和党派参议员布鲁诺·勒塔约在接受媒体采访时表示，虽然这些骚乱者是法国人，但他们的法国身份却带有某种特殊性。他进一步指出，这些拥有法国国籍的移民二代、三代有某种退回原生族群的倾向。研究法国共和党派的法国专家艾米连·霍德–维亚尔认为，共和党将安全问题和移民问题联系起来，是为了试图从郊区骚乱中获得政治利益，为选举做准备。

从 2023 年 6 月开始，短短几个月时间内，法国经历了由郊区移民后裔少年在警察执法过程中被枪杀而引起的全国骚乱、因法国教育部长为恢复教育世俗秩序宣布禁止佩戴头巾等宗教配饰入校而引发的身份和宗教争议、意大利兰佩杜萨移民危机、车臣裔少年刺杀教师引起的关于移民青少年和驱逐违法移民的激烈讨论。与此同时，法国还举办了多场对安全和安保要求极高的大型活动：时装周、环法自行车赛、国庆庆典、教皇访问法国南部城市马赛等。随着骚乱的不断升级和相关调查细节的公开，加上社会安全事件频发及其政治化，法国民众对秩序和权威的需求日益强烈，各个政党在移民问题上的争论也日益激烈。最终，2023 年的这次骚乱热点被引

① TRIPPENBACH I. Face aux Émeutes, la Riposte graduée de Macron[Z/OL]. (2023-07-03) [2024-05-18]. https://www.lemonde.fr/politique/article/2023/07/01/mort-de-nahel-m-face-aux-emeutes-la-riposte-graduee-d-emmanuel-macron_6180126_823448.html.

② LEPELLETIER P. Émeutes: «Il n'y a plus aucune limite à la violence», dénonce Jordan Bardella[Z/OL]. (2023-07-02) [2024-05-18]. https://www.lefigaro.fr/politique/jordan-bardella-il-n-y-a-plus-aucune-limite-a-la-violence-20230702.

向了移民管理问题。本应在 11 月才在两院进行辩论的法国新移民法案提前受到了广泛关注，并不出意外地出现了“右转”的倾向。比如，新法案提出对移民数量设置“配额”，为驱逐某些非法移民提供便利，收紧外籍在法人员的社会福利政策，等等。新移民法案的“右转”也呼应了民众在移民问题上的态度转变。一份刊登在《费加罗报》上的调查显示，78% 的法国人赞同政府提交新的移民法案。不屈法国党是该法案第三条（向在招工紧张的行业内工作的外来移民颁发居留证）的坚决拥护者，调查显示，有 56% 的法国人赞成这一条款。①《巴黎人报》刊登的另一项调查显示，77% 的人认为法国没有做到让外国人融入法国社会，80% 的人认为法国没有落实好驱逐非法居留人员的任务，81% 的人认为法国在打击非法移民问题上是失败的，87% 的人认为必须改变现有的规则制度。另外，法国民众中有 91% 的人表示完全支持或比较支持加强驱逐严重威胁公共秩序的外籍人员的力度，78% 的人完全支持或比较支持简化驱逐程序，71% 的人完全支持或比较支持用紧急医疗补助代替国家免费医疗救助。②

三、法加对比：加拿大为何能避免移民问题引发的大规模骚乱

与法国一样，加拿大也拥有悠久的移民历史，移民群体是其公民的重要组成部分。2021 年，在加拿大获得合法居住权或永久居住权的移民占其总人口的近四分之一（23%），占比在七国集团国家中

① GALIERO E, GENTILHOMME C. Immigration: favorables au projet de loi, les Français soutiennent largement les propositions formulées par la droite[N]. Le Figaro, 2023-11-02.

② GALLET L. Les Français Veulent la Réforme, toute la Réforme[N]. Le Parisien, 2023-11-05.

位于首位。预计到 2041 年，占比会提升至 29.1% ～ 34%。20 世纪 80 年代以前，加拿大的移民主要来自欧洲。近 50 年来，来自欧洲的移民有所减少；来自印度的移民在单一国家中占比最高，达到了 18.6%[①]；来自亚洲（包括中东）的移民人口激增，占比高达 62%；来自非洲的移民也在增加。同为移民大国，相较于法国，加拿大因为移民问题引发的政治和社会矛盾却明显少于法国，这离不开加拿大在移民政策上的优势。

加拿大长期推行的多元文化主义政策更好地促进了移民的社会融入。20 世纪 70 年代初，加拿大总理老特鲁多宣布施行多元文化主义政策，打破了过去仅对法裔和原住民的文化加以重视和保护的常规，转而倾听国内各个族群的呼声，并致力于保护各个族群的文化和传统。老特鲁多表示，只有多元文化主义政策才能促进国家的团结和统一。1988 年，加拿大正式通过了《多元文化法》，将多元文化主义政策进一步细化和法律化。这是多元文化主义政策出台后颁布的第一部专门法，首次从法律层面肯定了各个族裔对国家发展的重要作用，提出应增强各个族裔的认同感和归属感，促进各个文化社区的交流与共同发展。在加拿大，多元文化主义政策不仅是一种理念，而且有对应的法律和政策框架，有具体的方针措施，并通过成立相关机构、提供长期稳定的经济扶持和文化鼓励等方式加以落实和推进。

相较之下，法国也算得上是一个对移民持开放态度的国家。2021 年，移民人口占法国总人口的 10.3%，870 万生活在法国的人出生地不在法国，占总人口的 12.8%[②]。法国官方认为，无论人种、

① Statistics Canada. Immigrants Make up the Largest Share of the Population in over 150 years and Continue to Shape Who We Are as Canadians[Z/OL] (2022-10-26). [2024-05-18]. https://www150.statcan.gc.ca/n1/daily-quotidien/221026/dq221026a-eng.htm.

② Population immigrée et étrangère en France. Données annuelles de 1921 à 2022[EB/OL]. (2023-08-29) [2024-05-18]. https://www.insee.fr/fr/statistiques/2381757.

肤色、信仰，只要认同法兰西共和国自由、平等、博爱的理念，尊重其推崇的民主、共和、世俗的价值观，就有可能成为法国人。

尽管加拿大和法国在移民政策上都表现出一定的开放性，但两国的情况不尽相同。需要注意的是，一个由多元文化组成的社会必然会排斥唯一的、占据主导地位的文化和价值观。包含法国在内的众多欧洲国家中，已经形成了一种比较稳定且具有优势地位的主流文化和价值观念，移民必须适应和内化这种文化。但这对在语言和教育上不占任何优势的移民来说，往往很难做到，这也是移民融入法国社会困难的原因之一。其次，在社会层面上，法国推崇“无差别对待”原则，这意味着移民不会因为“与众不同”而受到特殊对待。在住房、医疗、教育等问题上，移民不得不独自面对复杂的行政手续，这也极大地增加了他们融入的难度。最后，这种“无差别对待”也意味着对移民特殊性的否认。这种否认不仅没有为移民提供必要的支持，反而在强制落实移民相关政策和推动社会融合的过程中，由于相关机构和人员带有偏见的管理，加剧了移民与当地居民之间的差异，加深了社会内部的误解和分歧。1970 年，里尔这座曾以纺织工业闻名的城市开始进入衰落期。从前多为中产阶级租用的廉租房成了贫困户的聚集地，越来越多的移民聚集于此。一些来自北非的家庭虽然只占一小部分，但却因为他们与众不同的价值观和生活方式，被扣上了“问题家庭”的帽子。社会学家指出，造成这一现象的根源与种族无关，实际上是受到了社会工作者带有偏见的思想观念的影响。

加拿大也强调移民融入，但它提倡的融入与其推崇的多元文化主义政策相匹配，其内涵是允许外国人在当地社会逐步安定下来，成为整个社会的一分子，同时保留其脱离该社会的权利。在加拿大，移民能够获得工作机会，享受社会保障，有机会参与社会生活，其子女能够接受教育。与此同时，移民还能在很大程度上保留自己的族源文化以及与之对应的身份认同。这种对移民文化的肯定一方面增强了移民的自信心，另一方面也促进了加拿大多元文化的形成。

除了多元文化主义政策以外，加拿大移民政策还有一点与法国的移民政策大相径庭，那就是对选择性移民的坚持。尽管加拿大长期实施开放的移民政策，但在维护国家经济利益和发展的目标导向下，加拿大的移民政策具有强计划性和选择性，以确保移民事务保持在可控的状态。根据加拿大政府的规定，各省可以根据实际情况确定每个月入境移民的人数。加拿大对于移民的种类也有明确的规定，整体上更偏向于白人、年轻人、技术移民和投资移民，尤其是掌握先进技术的高知群体。从数据上看，2021 年，加拿大的经济移民约占 56.3%，人道主义移民仅有 21.8 万人，约占 2.6%[①]。此外，加拿大在移民管理上采取积分管理制度。1967 年，加拿大对其移民政策进行了改革，开始采用积分制，从语言能力、教育素质、职业需要等九个方面进行计分。随着时间的推移，计分标准逐渐提高，从一开始的 50 分提高到 70 分。选择性移民制度保证了移民质量，一方面，它缓解了加拿大劳动力不足的问题，直接为加拿大的人口增长和经济发展做出了贡献；另一方面，经过选拔的移民往往受过良好的教育，拥有较好的经济实力，也更容易融入当地社会。

受到大革命精神和共和主义的影响，选择性移民制度在法国遭遇“水土不服”。自由、平等、博爱的原则在法国深入人心，前文提到的“无差别对待”就是这一原则的体现。在这一原则的指导下，在法国移民政策中添加具有“选择性”的条款几乎是不可能的。在 2023 年法国新移民法案的讨论中，哪怕是对申请合法居留的非法移民的到法时间做出规定，或是对申请社会保障的移民的在法工作年限做出要求，都会被认为是仇外的、有悖宪法精神的。即

① Statistics Canada. Immigrants Make up the Largest Share of the Population in over 150 years and Continue to Shape Who We Are as Canadians[Z/OL]. (2022-10-26) [2024-05-18]. https://www150.statcan.gc.ca/n1/daily-quotidien/221026/dq221026a-eng.htm.

便有民意右倾这一“东风”的加持，也是枉然[①]。法国新移民法案通过议会两院审议后被提交至法国宪法委员会进行合宪性审查。2024年1月25日，法国宪法委员会公布了审查结果：新移民法案所提出的86条具体措施中，超过三分之一的措施被宪法委员会完全或部分否决。被宪法委员会否决的条例包括：提高获得合法居住证明 / 入籍的要求，非法居留入罪，限制家庭团聚，取消由出生地决定国籍的原则，限制外国人获得部分社会补助的权利，等等。

法国缺乏对移民进行筛选的机制，导致入境的移民文化程度不高，只能接受工资待遇相对较低的工作，其后代因为家庭经济实力不足、文化程度不高，难以接受良好的教育、实现阶层跨越。长此以往，贫困在移民群体中形成了一种近乎“世袭”的现象。生活贫困的移民群体往往需要政府的资助才能维持正常的生活。2008年金融危机以来，法国经济发展疲软，失业率常年居高不下，政府赤字不断攀升。俄乌冲突爆发后，通货膨胀严重，人民生活成本上涨，社会问题频发。原本不需要过多依赖政府救助的“本土”法国人突然发现，移民在一定程度上“挤占”了他们的利益，导致他们对移民，尤其是非法移民，产生了强烈的抵触情绪，这进一步阻碍了移民融入法国社会。

值得一提的是，相较于法国，加拿大拥有有利的“先决条件”——优越的地理环境和独特的历史背景。首先，从地理位置上看，加拿大有“天然屏障”，与其相邻的美国和格陵兰政局都比较稳定，北美地区不受战火纷争的影响，因此，非法移民的流入率很低，移民管理难度小于法国。而法国地处欧洲中心，与之相邻的中东和地中海地区政局动荡，战乱频繁，随之而来的难民接待和非法

① 欧时大参. 马克龙挺新移民法，32省政府拒执行！七成法国人支持新法，反对者遍地示威[Z/OL].(2023-12-22)[2024-05-18]. https://www.163.com/dy/article/IMHN5BGD0514BIJT.html Abel Mestre et Julia Pascual: Les Mesures du Texte de loi susceptibles d’Être censurées. Le Monde. Le 22 décembre 2023.

移民压力较大。此外，加拿大地广人稀，在地理空间上对移民的接纳度也会更高。

其次，由于历史因素，英裔和法裔族群在加拿大社会中处于主流文化地位，“两雄争霸”的局面更有利于其他少数族群的生存和多元文化社会的形成。

加拿大在处理英法裔关系时，多元文化主义政策成为调和双方争斗的重要手段，这一政策同时也为其他族群文化的存续提供了保障。因此，从整体来看，以英法裔势均力敌为基础发展出的多元文化主义，对加拿大社会的族群多元化和安定团结起到了积极的推动作用。相比之下，法国的主流文化是法兰西文化，加上大革命和共和主义的影响，法国对“差异性”的容忍度较低，对其他文化，哪怕是本土的地区文化，都比较排斥。这种氛围不利于多元文化的扎根和发展。

四、结语

整体来看，加拿大在移民问题上的境况比法国更胜一筹，但全球移民浪潮势不可当，以法国为鉴，业已窥见加拿大移民潜在的几点风险。

首先，尽管难民仅占加拿大移民总数的一小部分，约17%[①]，但加强难民管理和促进其融入社会似乎也是一大难题。虽然加拿大有严格的难民甄别制度和流程，但是《难民公约》及议定书规定，缔约国应给予难民相应的权利，不得在进行难民地位甄别时带有任何

① Made in CA. Refugee Statistics In Canada[Z/OL]. (2023-06-03) [2024-05-18]. https://madeinca.ca/refugee-statistics-canada/#:~:text=According%20to%20the%20UNHCR%2C%201%2C088%2C015%20refugees%20have%20arrived, had%20permanent%20resident%20status%20in%20Canada%20were%20refugees.

歧视。2019 年加拿大移民与难民委员会的统计数据显示，当年的难民庇护申请者中，70% 以上的难民在抵达加拿大时既不会说英语也不会说法语。在受教育程度方面，34.7% 的难民只接受过小学教育，不到 10% 的难民接受过高等教育。这意味着加拿大需要在基础教育和职业教育上投入更多的精力。由于受教育程度不足、不具备某些专业技能等原因，难民在加拿大的劳动力市场中难以找到理想的工作。即使成功就业，他们的收入往往低于其他群体。据统计，在加拿大生活十年后，就业难民的平均年收入在 28500 加元到 45000 加元之间。这不仅与加拿大的人均年收入 61400 加元相距甚远，也远远低于经济移民和以家庭团聚为由进入加拿大的移民①。贫富差距的持续扩大不利于难民的融入，也不利于加拿大的长治久安。加拿大公共安全部公布的数据显示，2020 年上半年，占加拿大人口总数 7.5% 的外籍人口的犯罪率有所上升，犯罪数量占总量的 29%，比上一年度提高了 4 个百分点。此外，恐怖分子混入难民队伍进入加拿大境内的事件也时有发生。

其次，在加拿大，移民议题日益呈现出“政治化”的趋势。传统上，加拿大保守党倾向于支持反移民浪潮，左翼政党则支持开放的移民政策。但随着工业化进程的加速，右翼和中间派政党逐渐认识到开放的移民政策的积极意义，并开始转向支持移民。相反，左翼政党出于保护本国就业市场的考虑，在一定程度上对移民持保守的态度。总体来说，对于加拿大各政党而言，移民社会是加拿大的基本国情，在有利于经济发展的前提下，开放移民已成为加拿大的基本政策。

在国际层面，尤其是特鲁多执政以来，加拿大希望通过接纳人

① Made in CA. Refugee Statistics In Canada[Z/OL]. (2023-06-03) [2024-05-18]. https://madeinca.ca/refugee-statistics-canada/#:~:text=According%20to%20the%20UNHCR%2C%201%2C088%2C015%20refugees%20have%20arrived, had%20permanent%20resident%20status%20in%20Canada%20were%20refugees.

道主义移民和参与国际移民治理来提升自己的国际形象。随着全球难民危机的加剧和加拿大自身经济发展动力的不足，加拿大社会对于移民及相关政策的关注度和政治讨论度越来越高。例如，2018年，魁北克未来联盟党就曾借助移民议题赢得了魁省省选。加拿大保守党议员马克西姆·伯尼尔批评特鲁多政府的多元文化主义政策，认为这一政策导致少数族裔各自聚居，形成了“部落思维”，严重影响了加拿大各民族的团结。这番言论让人联想到法国参议院共和党代表勒塔约在2023年法国骚乱后发表的关于第二、三代移民有某种退回原生族群倾向的言论。此外，伯尼尔还批评特鲁多政府的移民政策未能有效落实多元文化主义，因为不少移民在加拿大的生活和工作状况并未得到明显改善，地位也没有得到明显提高[①]。

从战后主动引进移民，到接纳部分中东和非洲难民，法国有着较长的移民历史。然而，在安置和融入方面，法国并没有提供足够的资源和有效的方案。新旧移民的不断累积，加之法国国内的社会经济问题，使移民问题被视为给法国社会带来压力的根源。然而，移民问题和骚乱的发生并无直接联系。尽管如此，法国极右翼政党还是将移民问题纳入其政治纲领，并在发言和竞选中频繁提及，使移民问题成为法国政坛的重要议题，并以此作为控制社会舆论、获取选票的重要手段。实际上，移民问题的政治化不仅无法解决社会经济问题，还会导致政坛理性的丧失和混乱的加剧，从而引发更多的社会问题。从这个角度看，无论是法国还是加拿大，都需要以更加谨慎和妥善的态度处理移民问题。

① 汪书丞，李想．“后疫情”时代特鲁多政府的移民政策：内涵与趋向［J］．区域与全球发展，2021，5（1）：124-138+159-160.

第三章

加拿大传媒研究

国际社交媒体上加拿大形象的意见–情感特征与平台差异分析

刘鸣筝[①] 王湛清[②]

摘要： 本文以四大国际社交媒体平台（Facebook、Twitter、YouTube、Instagram）上与加拿大相关话题的评论数据为基础，结合平台特征、计数算法和公众观点，通过挖掘与编码、词频分析、情感分析、交叉表分析、多变量方差分析等手段，从议程浮现、意见情感、平台差异三个方面对国际社交媒体上的加拿大形象进行呈现与解读。

关键词： 加拿大；国家形象；社交媒体；国际传播

"国家形象"这一概念最早是由美国政治学家 Boulding K.E. 在 *National Images And International Systems* 一文中提出的，他将"国家形象"界定为"一个国家对自己的认知与国际体系中其他行为体对它的认知的结合，它是系列信息输入与输出产生的结果"[③]。目前，关于国家形象的研究，国内外存在两个不同的研究方向。国内主要集中在理论方面的研究，例如管文虎在《国家形象论》中指出，"国

---

① 刘鸣筝，吉林大学新闻与传播学院教授，博士生导师。

② 王湛清，吉林大学新闻与传播学院博士。

③ BOULDING K E. National Images and International Systems[J]. Journal of Conflict Resolution, 1959, 3(2): 120-131.

家形象是社会公众对一个国家各方面综合感知后所做出的评价和认定，是一个国家整体实力的体现。大众传播在改变个体对异国形象的认知方面具有重要的作用，从大众媒介上获取的异国信息决定了人们头脑中的异国形象”。[①] 刘小燕和程曼丽从传播学角度出发，认为国家形象是一个国家的客观状态在民众主观意识中的反映[②]。孙有中认为，国家形象是国内外公众对该国政治、经济、社会、文化与地理等方面状况的认识与评价。他强调要区分“内部公众”和“外部公众”眼中的国家形象，因为不同的经历、知识储备、价值观和情感因素会导致“内部公众”和“外部公众”在国家形象的认知上存在差异。[③]

英国学者安东尼·梅菲德在《什么是社会化媒体》一书中将社交媒体定义为一种给予用户极大参与空间的新型在线媒体。传播学者安德烈·开普勒和迈克尔·亨莱茵指出，社交媒体是一系列建立在 web2.0 技术和意识形态基础上的网络应用，它允许用户自己生产内容并进行交流传播[④]。简言之，社交媒体是一个建立在互联网用户关系之上的内容生产与交换平台，其最大的特点是赋予每位用户平等地生产并传播信息的权利。在社会化媒体的领域中，每个人既是信息的传播者，又是信息的接收者，同时享有编码和解码的权利。社交媒体逐渐成为国家对外展示形象的窗口，即时性、低门槛和参与性、开放性、对话性、互动性、社区化、连接性的特征使平台用户在国家形象建构中的作用逐渐显现出来，国际社交媒体用户在平台上的发帖与评论正逐步勾勒出加拿大的国家形象。在社交媒

① 管文虎.国家形象论[M].成都：电子科技大学出版社，2000：38-42.

② 刘小燕.关于传媒塑造国家形象的思考[J].国际新闻界，2002(2)：61-66.
程曼丽.大众传播与国家形象塑造[J].国际新闻界，2007(3)：5-10.

③ 孙有中.国家形象的内涵及其功能[J].国际论坛，2002(3)：14-21.

④ 胡智锋，刘俊主.主体·诉求·渠道·类型：四重维度论如何提高中国传媒的国际传播力[J].新闻与传播研究，2013，20(4)：5-24+126.

体平台上，各类官方机构、民间组织、个体用户都是国家形象的塑造者。以数据挖掘的方式探索国际社交媒体上加拿大形象的呈现特征和媒介驱动机制，是理解加拿大国际传播形象的重要途径。本文基于四大国际社交媒体平台上与加拿大相关话题的评论数据，通过挖掘与编码、词频分析、情感分析、交叉表分析、多变量方差分析等手段，从议程浮现、意见情感、平台差异三个方面呈现加拿大的形象。

一、文献回顾

（一）国际社交媒体上国家形象的公众认知反馈与议程浮现机制

随着互联网的发展与社交媒体的兴起，民众获取信息的渠道由传统媒体逐渐转向社交媒体。个体作为社交媒体的主要参与者和信息的传播者，在跨文化传播和交往过程中能更有效地扩大信息的传播范围，增强其他受众对被传播对象的认同感和黏合度，树立和塑造更加丰富多元的国家形象。强月新、叶欣在对国家形象内涵的界定中提出了“公众认知形象”的概念，即国内外公众对一个国家的整体认知与看法。[①] 社交媒体平台拓展了对外传播的途径，使民众能够实时参与到信息传播中来，形成公众网络议程设置。郭蕾和麦库姆斯提出的网络议程设置理论认为，媒体不仅会影响公众对单个议题或其属性的认知，还会影响公众对议题不同属性之间网络关

① 强月新，叶欣．西方媒体对中国国家形象塑造的转变及其启示［J］．湖北大学学报（哲学社会科学版），2013，40（2）：101-106．

系的认知。[①] 公众对世界图景的认知，不是单一化的媒体议程所塑造的结果，而是多元媒体议程共同作用的结果，这一议程设置理论突显了公众认知属性的网络结构化特征[②]。蒋贤成、钟新通过分析Facebook上有关“黑命攸关”运动的网民评论发现，公众议程并不是对媒体议程的机械复制，而是包含大量对媒体文本的解码、批判与延伸[③]。韩国学者Kim和Lee在研究网络议程设置功能时发现，普通公众可以通过网络设置议程影响传统媒体的传播主题[④]。有研究发现，Twitter和Facebook上形成的议程可以反向设置媒体的议程[⑤]。因此，对于国家形象等特定主体形象的研究，从国际社交媒体自身特有的议程浮现机制角度进行探讨，能够避免传统大众媒体议程的僵化与刻板。与官方媒体、主流媒体的受众认知反馈相比，社交媒体上的意见和情感态度更能够体现真实性和多样性。

（二）意见挖掘与情感分析在加拿大形象呈现中的应用

社交媒体中的信息主要表现为公众对特定议题的意见和情感倾向，社交媒体中的意见挖掘主要通过自然文本分析实现，情感分析

① GUO L, MCCOMBS M. Network agenda setting: A third level of media effects[C]//Proceedings of the ICA Annual Conference. Boston, 2011.

GUO L, MCCOMBS M. Toward the third level of agenda setting theory: A Network Agenda Setting Model[C]//Proceedings of the AEJMC Annual Conference. St. Louis: AEJMC, 2011.

② 孙强. 情感网络议程设置：新冠疫情事件媒体与公众的议程网络［J］. 东南传播，2020（7）：7-12.

③ 蒋贤成，钟新. 网络议程设置中的镜像与折变：美法两国“黑命攸关”运动的媒体议程与公众议程［J］. 全球传媒学刊，2021（4）：103-119.

④ KIM S T, LEE Y H. New functions of internet mediated agenda-setting: Agenda-ripping and reversed agenda-setting[J]. Korea Journalism Review, 2006, 50(3): 175-205.

⑤ GUO L, MCCOMBS M. The power of information networks[M]. New York: Routledge, 2015: 66-87.

主要通过公众在社交平台上对特定议题的情绪表达来了解其情感倾向①。韩瑞霞等人指出，当前社交媒体情感分析主要包含情境语感分析、情感极性分析和情感强度分析等②。其中，情感极性分析主要关注态度的正负倾向。根据研究目的，本文选择通过情感极性分析来探究社交媒体相关讨论中的情感态度，重点关注情感的正负极（即积极、消极、中立的情感）所占的比重及其极性值，以此呈现国际社交媒体上公众对加拿大的认同情况。

目前，通用的极性分析方法主要包括计算机检测和人工标注两大类。前者主要用于处理海量文本数据，如新闻报道、文学作品等，一般采取基于情感词典的自然语言处理技术，但该技术在分析社交媒体内容时面临两个难题：首先，网络语言中含有大量缩略词、行话、对已知内容或概念的指涉等，相较其他类型的文本语言更复杂③，而计算机检测所依赖的中文情感词典尚未完全覆盖以上内容④；其次，有些文本尽管不包含计算机难以识别的词汇，但由于文化背景的差异，文本中的情感属性仍难以被准确解读。这类文本的情感属性需要通过人工标注的方式才能准确识别。因此，本文采用基于人工标注的混合分析方法进行情感分析。首先，由两名编码者（本文第一作者和具有专业背景的研究助理）协同编纂编码手册，并在确保编码者间信度的基础上对编码结果进行赋值与统计分析，以观察情感极性的分布状况；其次，在情感分析的基础上，通

① NGUYEN T H, SHIRAI K, VELCIN J. Sentiment analysis on social media for stock movement prediction[J]. Expert Systems With Applications, 2015(24): 9603-9611.

② 韩瑞霞，谭欣仪，张佳榕. 国际社交媒体上中国形象的意见 – 情感特征与媒介驱动机制［J］. 南京邮电大学学报（社会科学版），2023，25（5）：10-19.

③ SÁNCHEZ-RADA J F, IGLESIAS C A. Social context in sentiment analysis: Formal definition, overview of current trends and framework for comparison[J]. Inform Fusion, 2019(52): 344-356.

④ 赵蓉英，张扬. 基于时空维度的国内外情感分析研究演化分析［J］. 情报科学，2018，36（10）：171-177.

过自然语言处理技术进行词频分析和关键词提取，对文本进行主题归纳，并对部分获得高度赞同的评论进行深入解读，讨论其情感表达所指向的具体内容。

（三）基于可供性的平台呈现特征差异分析

不同平台由于算法与设置差异，意见与情感的生成及表达机制存在差异。上述研究综述表明，社交媒体具有不同于传统媒体的议程设置和影响力。同时，不同平台在信息、关系、网络等方面的可供差异，导致其对同一议题的表达方式有所不同。“可供性”概念最早由美国生态心理学家 Gibson 提出，强调个体在物理环境中的行动取决于环境提供的可能性[①]。2017 年，Ronald Rice 等人进一步提出了“媒介可供性”概念，强调在特定背景下，行动者感知到的其使用媒介展开行动的潜能与媒介的潜在特性、能力、约束范围之间的关系[②]。潘忠党等人将可供性理论引入传播学研究中，提出了信息生产可供性、社交可供性和移动可供性这三个分析维度[③]。林文萍等人将用户对平台型媒体的价值感知划分为信息价值、情感价值和功能价值，进而推断出平台可供性的三大维度：内容可供性、社交可供性、知识可供性[④]。早期，美国学者 Richard L.Daft 和 Robert H.Lengel 也通过媒介丰富性理论指出不同媒介所传递的信息丰富程

① GIBSON J J. The Ecological Approach to Visual Perception:Classic Edition[M]. London: Psychology Press, 2014:119.

② RICE R E, EVANS S K, PEARCE K E, et al. Organizational Media Affordances: Operationalization and Associations with Media Use[J].Journal of Communication, 2017, 67(1): 106-130.

③ 潘忠党，刘于思. 以何为“新”？“新媒体”话语中的权力陷阱与研究者的理论自省——潘忠党教授访谈录[J]. 新闻与传播评论，2017（1）：2-19.

④ 林文萍，臧志彭. 创作激励、生态治理与平台型媒体用户黏性——基于 SOR 模型的平台可供性中介效应分析[J]. 现代视听，2023（4）：34-42.

度有所差异，因此使用不同媒介所产生的效果也有所不同①。针对加拿大形象的研究，目前缺乏对不同社交媒体平台呈现特征的综合比较研究，这为我们的研究提供了学术空间。

二、研究平台、数据与分析方法

（一）研究平台与数据特征

本文选取 Facebook、Twitter、YouTube、Instagram 作为数据采集平台。从平台特性来看，Twitter、Facebook 为社交类平台，用户覆盖范围广泛，政治属性明显；Instagram 以图片分享为主，网红众多，用户多为年轻人；YouTube 以视频分享为主。四个平台各具特点，分析它们在塑造加拿大形象上的同一性和差异性具有重要意义。数据采集工作于 2023 年 9 月至 10 月进行。各平台数据采集方法、标准、时间段等信息如表 1 所示。

表 1　四大平台数据的构成特征

平台名称	Facebook	Twitter	YouTube	Instagram
分析的帖子数量	500 个	500 个	638 个	300 个
帖子筛选标准	综合排序	点赞量大于 200	最相关	综合排序
帖子起始时间	2020 年 10 月	2020 年 10 月	2020 年 10 月	2023 年 8 月
帖子终止时间	2023 年 10 月	2023 年 10 月	2023 年 10 月	2023 年 10 月
帖子时间跨度	36 个月	36 个月	36 个月	2 个月
分析的评论数量	1500 条	1500 条	3190 条	1500 条
评论筛选标准	综合排序前 3	点赞量前 3	点赞量前 5	综合排序前 5

① DAFT R L, LENGEL R H. Organizational information requirements, media richness and structural design[J]. Management Science, 1986(5): 554-571.

（二）数据收集和处理方法

第一步，采用 Web scraper 插件进行数据挖掘，以“Canada”为搜索关键词，在四大平台上抓取与加拿大话题相关的帖子及评论，初步建立数据库；第二步，采用人工编码的方式对数据进行清洗和梳理；第三步，运用词云工具对整合后的帖子和评论进行词频统计，从每个平台提取前 20 个高频词作为数据库指标条目；第四步，运用 GooSeeker 软件绘制 Facebook、Twitter、YouTube、Instagram 的词云图；第五步，在高频词基础上进行二次提炼和分类，将帖子划分为政治、宗教、旅游等领域，并进行词频分类赋值；第六步，运用 SPSS 26.0 软件对重点变量进行交叉表分析与多变量方差分析。通过上述方法，呈现海外社交媒体上加拿大形象的议题特征、互动机制和平台差异。

三、研究结果

（一）基于词频分析的议题呈现

四大平台排名前 20 的高频词如表 2 所示。其中，Facebook 上有关加拿大的高频词集中在国家、城市、旅行等领域；Twitter 上有关加拿大的高频词主要集中在国家、政治、宗教等领域，对国家和国际关系的讨论尤为突出；YouTube 上的词频分布较为多元，既有政治、外交等领域的词汇，也有生活、文化、娱乐等领域的词汇；Instagram 上有关加拿大的高频词多集中于环境、自然、旅行等领域。在选定的时间范围内，Facebook、Twitter、YouTube 上的用户对加拿大与印度之间的政治与外交议题表现出较高的关注度与讨论度。

表 2　四大平台排名前 20 的高频词

词频排序	Facebook	Twitter	YouTube	Instagram
1	Canada（加拿大）	Canada（加拿大）	Canada（加拿大）	Canada（加拿大）
2	USA（美国）	India（印度）	country（国家）	beautiful（美丽）
3	Vancouver（温哥华）	Trudeau（特鲁多）	Canadian（加拿大人）	Place（地方）
4	Hongkong（香港）	Nazis（纳粹）	like（喜欢）	country（国家）
5	British Columbia（不列颠哥伦比亚省）	Newfoundland（纽芬兰）	America（美国）	love（爱）
6	travel（旅行）	explore（探索）	India（印度）	amazing（神奇）
7	eat（吃）	prime minister（总理）	life（生活）	dream（梦想）
8	watch（看）	country（国家）	beautiful（美丽）	like（喜欢）
9	Toronto（多伦多）	Ukraine（乌克兰）	video（视频）	hope（希望）
10	hope（希望）	government（政府）	hope（希望）	Banff（班夫）
11	Thanksgiving Day（感恩节）	Khalistan（卡利斯坦）	city（城市）	wonderful（美妙）
12	India（印度）	video（视频）	voice（声音）	help（帮助）
13	apply（申请）	Canadian（加拿大人）	happy（高兴）	visit（参观）
14	Reels（一款短视频应用）	Pierre Poilievre（博励治）	trip（旅行）	life（生活）

（续表）

词频排序	Facebook	Twitter	YouTube	Instagram
15	Spain （西班牙）	dollar （美元）	problem （问题）	God （上帝）
16	UAE （阿拉伯联合酋长国）	charge （指控）	Vancouver （温哥华）	home （家）
17	UK （英国）	parliament （国会）	proud （自豪）	work （工作）
18	coffee （咖啡）	USA （美国）	fun （有趣）	problem （问题）
19	maple （枫树）	kill （杀害）	job （工作）	gorgeous （华丽）
20	aurora （极光）	Russia （俄罗斯）	game （比赛）	lovely （可爱）

为进一步解读评论内容，本文根据四个平台评论的高频词绘制了词云图，详见图 1 至图 4。通过这些词云图，可以得出以下结论：首先，Canada（加拿大）、Canadian（加拿大人）、country（国家），以及耳熟能详的城市名，如多伦多、渥太华等，是平台评论中的高频词，由此可以看出各平台用户对加拿大的关注度之高。like（喜欢）、hope（希望）等动词和 beautiful（美丽）、amazing（神奇）等形容词的频繁出现，表达了各平台用户对加拿大的喜爱和赞美之情。这不仅体现了内部公众的身份认同与文化自信，也反映了外部公众对加拿大的情感投射。其次，经常出现的 emoji 符号反映了大部分用户观看视频时的愉悦情感。此外，YouTube 的词云图以 video（视频）、voice（声音）、happy（高兴）、fun（有趣）等为高频词，由此可以看出 YouTube 用户更加关注视频内容。而 job（工作）、work（工作）等高频词则反映出海外用户对“去加拿大后能做什么工作养活自己”这一现实问题的关注。

图 1　Facebook 词云图

图 2　Twitter 词云图

图 3　YouTube 词云图

图 4　Instagram 词云图

（二）意见挖掘与情感分析

从社交平台来看，不同平台的用户对加拿大的情感占比存在差异，详见图 5 至图 8。在四个社交平台中，Instagram 的用户对加拿大的负面情感占比最低，仅为 4%，而 Facebook、YouTube、Twitter 的负面情感占比分别为 12%、16%、23%。值得注意的是，Twitter 的用户对加拿大的正面情感占比低于其他三个平台。此外，四个平台用户的中性情感占比也略有不同：YouTube、Instagram、Facebook、Twitter 的中性情感占比分别为 56%、57%、60%、62%。中性情感占比高通常表明用户在评论时较为理性，倾向于对事件本身进行客观探讨，而非情绪化表达。YouTube 的中性情感占比略低于其他三个平台，表明 YouTube 用户的情感极性较强。

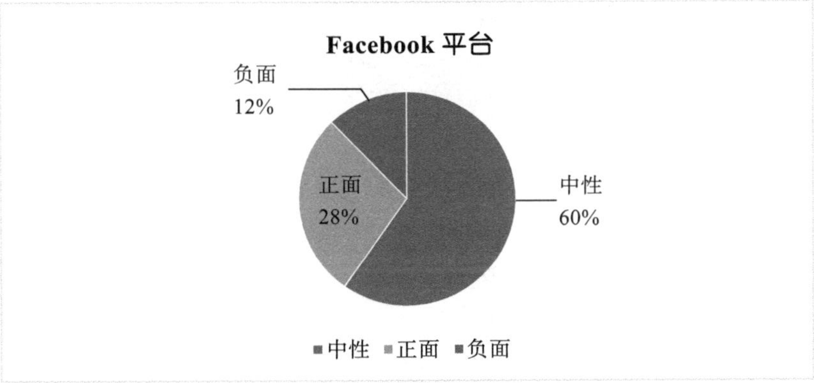

图 5　Facebook 平台情感极性分析

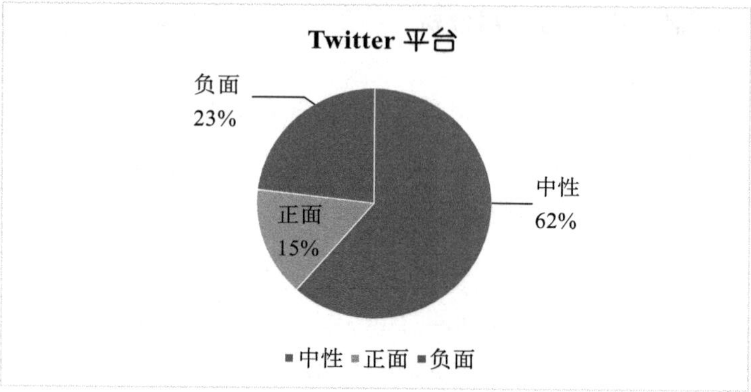

图 6　Twitter 平台情感极性分析

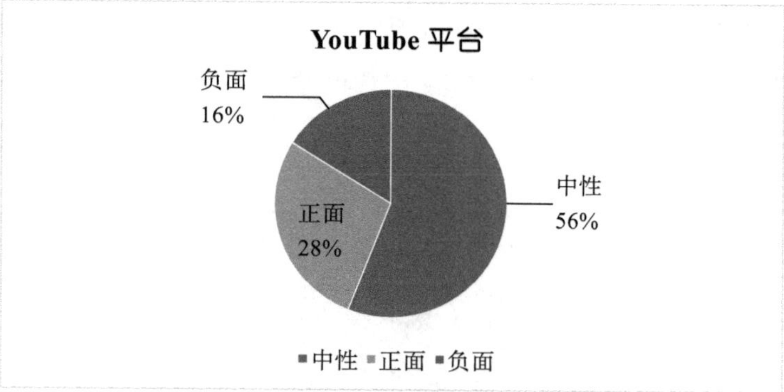

图 7　YouTube 平台情感极性分析

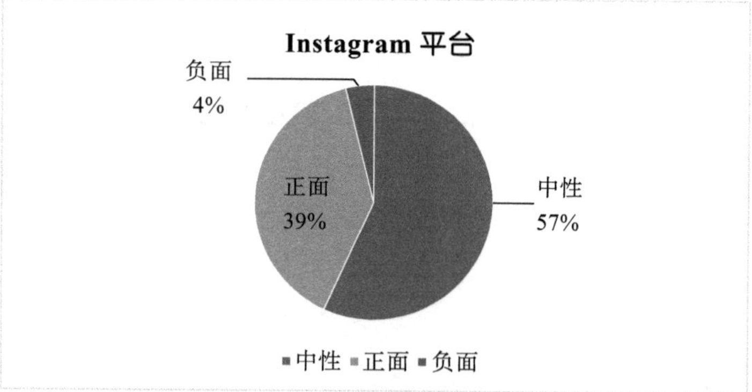

图 8　Instagram 情感极性分析

（三）平台呈现特征差异分析

选取各平台的共性议题（政治、宗教、旅游）进行交叉相关分析，结果如图 9 至图 11 所示。其中，相较于其他三个平台，Twitter 在政治和宗教议题上的相关度最高，Instagram 在旅游议题上的相关度最高。表 3 中的 * 表示该组均值差异显著，由多重比较结果可知，在政治议题上，不同平台间存在显著差异，Twitter 在政治与宗教议题上的相关度显著高于 Facebook 和 YouTube。在旅游议题上，不同平台间存在显著差异，Instagram 在旅游议题上的相关度显著高于 Facebook 和 Twitter。

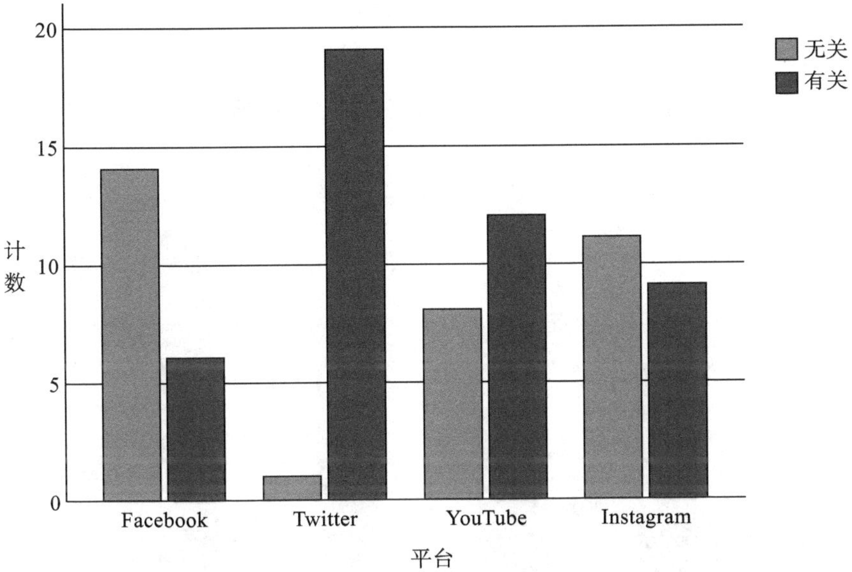

图 9　各平台政治议题相关度分析结果图示

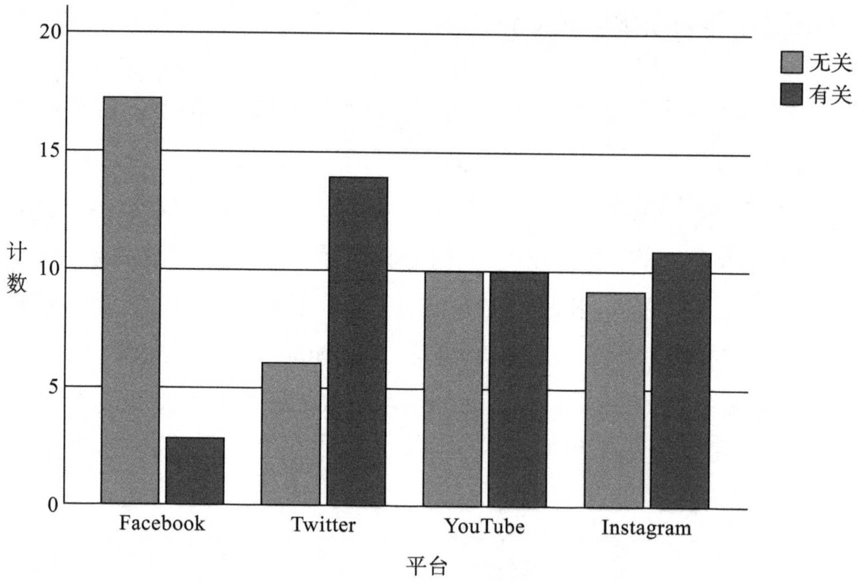

图 10　各平台宗教议题相关度分析结果图示

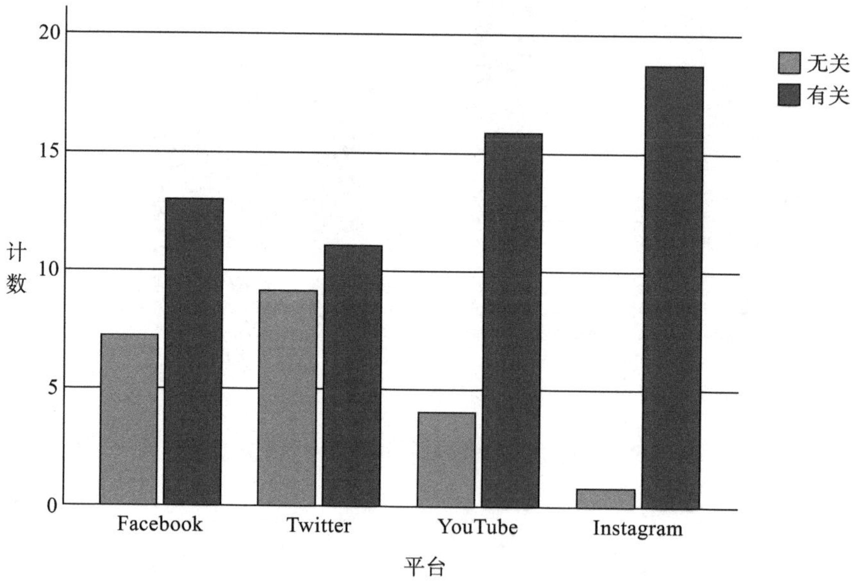

图 11　各平台旅游议题相关度分析结果图示

表 3　多重比较结果

因变量	（I）平台	（J）平台	平均值差值（I-J）	标准误差	显著性	95% 置信区间	
						下限	上限
政治	Facebook	Twitter	−.65*	.140	.000	−.93	−.37
		YouTube	−.30*	.140	.035	−.58	−.02
		Instagram	−.15	.140	.287	−.43	.13
	Twitter	Facebook	.65*	.140	.000	.37	.93
		YouTube	.35*	.140	.015	.07	.63
		Instagram	.50*	.140	.001	.22	.78
	YouTube	Facebook	.30*	.140	.035	.02	.58
		Twitter	−.35*	.140	.015	−.63	−.07
		Instagram	.15	.140	.287	−.13	.43
	Instagram	Facebook	.15	.140	.287	−.13	.43
		Twitter	−.50*	.140	.001	−.78	−.22
		YouTube	−.15	.140	.287	−.43	.13
宗教	Facebook	Twitter	−.40*	.152	.010	−.70	−.10
		YouTube	−.35*	.152	.024	−.65	−.05
		Instagram	−.40*	.152	.010	−.70	−.10
	Twitter	Facebook	.40*	.152	.010	.10	.70
		YouTube	.05	.152	.742	−.25	.35
		Instagram	.00	.152	1.000	−.30	.30
	YouTube	Facebook	.35*	.152	.024	.05	.65
		Twitter	−.05	.152	.742	−.35	.25
		Instagram	−.05	.152	.742	−.35	.25
	Instagram	Facebook	.40*	.152	.010	.10	.70
		Twitter	.00	.152	1.000	−.30	.30
		YouTube	.05	.152	.742	−.25	.35

（续表）

因变量	（I）平台	（J）平台	平均值差值（I-J）	标准误差	显著性	95% 置信区间	
						下限	上限
旅游	Facebook	Twitter	.35*	.130	.009	.09	.61
		YouTube	−.15	.130	.253	−.41	.11
		Instagram	−.30*	.130	.024	−.56	−.04
	Twitter	Facebook	−.35*	.130	.009	−.61	−.09
		YouTube	−.50*	.130	.000	−.76	−.24
		Instagram	−.65*	.130	.000	−.91	−.39
	YouTube	Facebook	.15	.130	.253	−.11	.41
		Twitter	.50*	.130	.000	.24	.76
		Instagram	−.15	.130	.253	−.41	.11
	Instagram	Facebook	.30*	.130	.024	.04	.56
		Twitter	.65*	.130	.000	.39	.91
		YouTube	.15	.130	.253	−.11	.41

基于实测平均值。
误差项是均方（误差）= .170。
*. 平均值差值的显著性水平为 .05。

四、结论与讨论

本文利用 Facebook、Twitter、YouTube、Instagram 四大国际社交媒体，搜集了平台上与加拿大相关的用户发帖及评论，并从议程浮现、意见挖掘与情感分析、平台差异三个维度，呈现了公众视角下的加拿大形象特征。

正如 YouTube 用户所言："加拿大是一个得天独厚的国家，拥有丰富多样的自然风光和多元的文化传统。（Canada is a blessed country with intense diversity in nature & multi-cultural traditions.）"

自 2005 年国家品牌指数（Anholt-Ipsos Nation Brands Index）发布以来，加拿大在这一衡量国家公众形象的全球性民调中一直稳居排行榜前十。近年来，加拿大在国际上的声誉稳步提升，排名也在上升。2021 年，位列全球第二，仅次于德国。通过四大平台的用户发帖及评论可以看出，公众对加拿大的态度普遍保持理性，正面情感显著高于负面情感。用户发帖与评论中，“love（爱）”“proud（自豪）”“dream（梦想）”“place（地方）”“amazing（神奇）”“beautiful（美丽）”等词的频繁出现，反映了来自世界各国的民众对加拿大的喜爱与向往。然而，也应注意到，难以负担的房价、昂贵的移动数据成本以及医疗系统问题等也是加拿大现存的不容忽视的问题。

此外，以社交机器人为代表的信息场域行动者也应引起关注。例如，Twitter 的评论中出现了“我对 Poilievre 领导下的共和党人掌权四年感到非常害怕”等言论，这与 Twitter 上的一些机器人说“害怕” Pierre Poilievre 赢得下次选举互为对照。社交机器人是指在社交网络中扮演人的角色、具备不同程度人格属性，并能与用户进行互动的人工智能应用①。社交机器人正逐渐成为影响舆论的重要力量，它们通过传播虚假信息、营造虚假气氛、广泛建立社交关系等手段操纵舆论，影响国际舆论场的政治角逐。特别是在国际冲突事件中，也发现了社交机器人操纵的痕迹。例如，在海湾危机中，社交机器人被用来传播假新闻②，并大规模生成在线声明以推动特定意见，从而获取更多公民的支持③。因此，在国家形象研究中，社交机器人的角色及其影响需要特别关注。

① 张洪忠，赵蓓，石韦颖．社交机器人在 Twitter 参与中美贸易谈判议题的行为分析［J］．新闻界，2020（2）：46-59.

② JONES M O. Propaganda, Fake News, and Fake Trends:The Weaponization of Twitter Bots in the Gulf Crisis[J]. International journal of communication, 2019(13): 27.

③ LEBER A, ABRAHAMS A. A storm of tweets: Social media manipulation during the Gulf Crisis[J]. Review of Middle East Studies, 2019, 53(2): 241-258.

在国际社交媒体公众议程浮现机制上，不同平台基于自身可供性表现出明显差异。对比 Facebook 和 Twitter 有关加拿大的议题分布可知，二者都关注文旅、政治、外交等议题，这说明 Facebook 与 Twitter 在有关加拿大的议题方面有一定的同质性，但 Facebook 上的议题范围更广泛多元，Twitter 上的议题范围更集中突出且时效性更强，涉及数字人文、大数据等 Facebook 未关注的议题。此外，在共同关注的议题上，Facebook 和 Twitter 的侧重不同，Facebook 侧重传播，而 Twitter 侧重表态。在平台意见－情感特征上，Instagram 呈现出较高的正向情感，并存在明显的重复发帖现象；YouTube 也呈现出较高的正向情感；Twitter 呈现出明显的政治议题特征，成为政治讨论和社会批判的重要平台，其消极情感占比在四大平台中最高。

本文也存在一定的不足之处。在数据方面，由于多平台特点及结构差异，采集和分析过程中容易产生偏差，影响结果的精度；在技术方面，平台墙、平台反爬虫机制和反监测设置等障碍，导致对社交机器人的探测难度较大，因此在机器账号方面的研究未能进一步展开跨平台分析；在内容方面，研究结论的深度有待进一步挖掘，精细化程度也有待提高。

跨越壁垒：美国国家地理频道的科学纪录片在B站上的跨文化传播

刘鸣筝[①]　苟晓萌[②]

摘要：随着全球化的深入发展和网络科技的日益普及，跨文化交流的频率呈现出稳步上升的趋势。科学纪录片作为一种重要的跨文化传播媒介，受到了广泛关注。美国国家地理频道的科学纪录片在中国哔哩哔哩平台（以下简称“B站”）上的传播更是引发了广泛的讨论。这种跨文化传播现象不仅仅是一种文化输出和接受的单向传播，更是在不同文化间激发了共鸣，促进了文化的互融与互鉴。本文将对美国国家地理频道的科学纪录片在B站上的呈现策略与跨文化传播现状进行研究分析，通过爬取B站上美国国家地理频道的科学纪录片的弹幕数据，探讨相关纪录片跨文化传播的策略及效果，以期为中国纪录片的跨文化国际传播实践提供有益的参考与经验。

关键词：科学纪录片；国家地理频道；跨文化传播；间性思维；B站

① 刘鸣筝，吉林大学新闻与传播学院教授，博士生导师。

② 苟晓萌，吉林大学硕士。

一、文献综述

（一）科学纪录片的内容与呈现方式

国内外学者对于“科学纪录片”的定义多种多样，Pineda 将其定义为一种能够以吸引人、娱乐、教育的方式向公众呈现科学知识、传递事实性信息的多风格影片[①]。学者柯泽采用四分法对科学纪录片的题材进行了分类：一是介绍科学知识与科技创新的纪录片，二是以科学探险或视觉还原为主题的纪录片，三是聚焦人类科学史、自然史等领域的纪录片，四是涉及科学和哲学观念的纪录片。[②]

科学纪录片的选题范围广泛，涵盖了自然科学、社会科学和人文科学等领域。[③]通过对不同主题的深入讨论，科学纪录片能够提供新的科学视角和知识。而科学纪录片的呈现方式在影响观众接受和理解科学知识方面也起着重要作用，因此学者们对呈现方式进行了深入研究。研究发现，科学纪录片的呈现方式多种多样，包括野外拍摄、专家访谈、应用动画与可视化效果，以及构建故事情节等。[④]在叙事方式方面，有学者特别关注叙事和修辞等技巧的运用。通过简化内容、重复关键信息、讲故事、引入娱乐元素等方法，可以提升观众对科学知识的理解与信息保留能力。[⑤]

---

① PINEDA D. Editing a Science Documentary: More Than Words (Literally)! [J]. Science Editor, 2004, 27(2):47-49.

② 柯泽. 新媒体时代科学纪录片的创作与传播［J］. 新闻爱好者，2015（178）：25-29.

③ 窦一鸣，张增一. 科学纪录片研究综述［J］. 科普研究，2022，17（1）：91-99+104.

④ 魏敏扬. DISCOVERY 的成功之道［J］. 当代传播，2004（3）：88-89.

⑤ REID G. The Television Drama-documentary（Dramadoc）as a Form of Science Communication[J]. Public Understanding of Science, 2012, 21(8): 984-1001.

（二）科学纪录片的行动者互动

纪录片的生产与制作是一个精细而复杂的过程，需要借助先进的技术和高效的团队合作，才能为观众呈现出高质量的纪录片作品。关于科学纪录片生产和制作的相关研究，主要聚焦于各参与角色之间的互动与关系分析，即制作人与科学家、制作人与被拍摄对象之间的关系互动。

兼具娱乐与启迪功能的科学纪录片要求创作团队在遵循科学性、真实性的同时，具备新颖犀利的视角和丰富的想象力。因此，科学家与制作人之间的密切合作关系成为学者关注的焦点。科学家对纪录片科学性、真实性的执着追求与制作人对影片预算、时间安排和叙事结构的深入考量，需要在科学纪录片的制作过程中不断协商与平衡。然而，在社交媒体“信息无序”的当下，科学传播的进程并没有在专业的科学人士的护航下进行①，如何让科学家重获科学知识传播的权威地位，成为未来科学传播的重要发展方向。

红外摄像机、水下摄像机、航拍无人机、追踪镜头等科技手段的运用，以及剪辑素材时的精挑细选，为科学纪录片带来了丰富多样的视觉效果。然而，违背被拍摄者意愿的细节被特写镜头放大，以及特效摄影、3D 动画等高新技术带来的“真实再现”的创作手法也引发了许多争议。因此，媒体与被拍摄者之间的伦理关系成为社会热议的话题与相关学者关注的焦点。Mills 认为，在野生动物纪录片中，动物的隐私权被边缘化了②。在国内，关于媒体与被拍摄者之间伦理关系的研究也在逐渐升温。有学者细致地爬梳了自然类纪录片的发展历程及其中的伦理争议，试图探寻人与自然更为和谐的

① 彭华新. 科学家在“新冠疫情”议题中的社交媒体参与和权力博弈［J］. 现代传播（中国传媒大学学报），2021，43（2）：141-146.

② MELLS B. Television Wildlife Documentaries and Animals’ Right to Privacy[J]. Continuum, 2010, 24(2): 193-202.

相处之道。[①]

（三）科学纪录片的受众与传播效果

美国科学纪录片最早通过电视这一传播途径进入中国，最初通过中央电视台及地方卫视等平台播出，覆盖面广。随着公众对科普知识需求的增加，网络视频平台，如爱奇艺、腾讯视频等，也开设了科学纪录片专区，为观众提供了便捷的在线观看服务。部分科学纪录片还选择在影院上映，通过大银幕为观众提供更为沉浸的观影体验，以此吸引观众，激发观众对科学的兴趣。有学者发现，美国科学纪录片的受众主要是高学历人群。[②]这是因为科学纪录片一般探讨的是专业性较强的科学主题，对具备较高知识水平的观众更具有吸引力。以 90 后为主的“数字原住民”是科学纪录片的重要受众，年轻群体对于新奇、创新的科学知识表现出浓厚的兴趣，他们通过浏览、点赞、评论等方式表达对科学纪录片的关注。[③]

作为传播科学知识的重要媒介，科学纪录片的传播效果也是诸多学者关注的热点。量化研究方法为这一领域的研究提供了有效的支撑，调查问卷、访谈等方法被广泛应用于分析科学纪录片的传播与教育功能。[④]评估内容包括观看率、评论和评价等多种指标。观看率是评估科学纪录片传播效果的重要指标之一，主要通过统计观

① 刘思源. 自然类纪录片的伦理问题研究［D］. 山东艺术学院，2020.

② 谢稚，孙茜. 跨文化传播中文化差异、受众接受度与传播效果——以中英合作纪录片 BBC Wild China 和 CCTV《美丽中国》为例［J］. 现代传播（中国传媒大学学报），2013，35（10）：91-94.

③ 王文韬，陈千，张肖，等. 弹幕视角下的网络热搜健康视频关注度与情感分析［J］. 图书馆论坛，2022，42（3）：98-107.

④ 李勇，杨思敏，管慧，等. 新媒体非遗跨文化传播效果分析——以 YouTube 平台为例［J］. 图书馆论坛，2024，44（2）：1-13.

看人数和播放量来衡量。Kim 等人通过问卷调查法对比了大学生在观看科学纪录片前后科学认识论观点的变化，探讨了科学纪录片在科学观教育中的有效性。研究发现，观看科学纪录片后，学生在科学认识论观点上的得分有所提高。[①] 顾亚奇针对影像采集的合法性、生产的合规性以及传播的合理性问题提出了“影像正义”的概念，指出纪实影像在创作实践中应当遵循自主与尊重、被摄者利益优先以及公共利益等原则。[②]

（四）纪录片跨文化传播的文化差异与审美偏好

在纪录片的跨文化传播中，文化差异与审美偏好是影响其传播效果的重要因素。科学伦理、社会文化背景等因素会影响观众对纪录片内容的理解和接受程度。不同文化对科学伦理的理解和重视程度可能存在差异，这直接影响观众对纪录片呈现的科学观点的认同和评价。同时，不同社会文化背景所带来的道德观念、价值观念以及个体与群体观念的差异，也会影响观众对纪录片中人类行为、社会问题等内容的态度和反应。例如，BBC 纪录片《杜甫：中国最伟大的诗人》对杜甫及其诗歌的阐释与解读体现了中国文化在西方影视媒介中的跨文化“误读”现象。陈凯娟发现，BBC 在“他者”视域下制作的中国文化输出纪录片在英国好评如潮，这对中国的跨文化传播有一定的借鉴意义[③]。高洋指出，要警惕这种跨文化“误读”

① KIM S Y, CHO E H, YI S W. Production of a Science Documentary and its Usefulness in Teaching the Nature of Science：Indirect Experience of How Science Works[J]. Science & Education, 2014, 23(5): 1197-1216.

② 顾亚奇 . 影像正义：论纪录片生产与传播中的伦理规制［J］. 现代传播（中国传媒大学学报），2020，42（4）：111-115.

③ 陈凯娟 .“他者”视域下中国文化输出的跨文化传播启示——以纪录片《杜甫：中国最伟大的诗人》为例［J］. 传媒论坛，2021，4（3）：118-119.

中暗含的负面心态，不能陷入“自我东方化”的陷阱[①]。影片风格与审美取向的差异也是跨文化传播中需要考虑的问题。不同国家和文化有着不同的审美偏好和情感表达方式。在纪录片的制作过程中，如何平衡纪实性与艺术性是一个重要的抉择。有些观众偏好客观展现事实的纪实性风格，而有些观众则偏好将艺术元素融入其中的艺术性风格。有学者以探索频道与国家地理频道为例，深入研究了科学类纪录片的行业翘楚如何通过精美的视觉制作吸引受众[②]。因此，在纪录片的制作过程中，需要考虑不同文化背景下观众的需求，灵活选择适合的影片风格和审美取向，以增强观众对纪录片的兴趣和认同感。

二、从影像触达到情感触动：美国国家地理频道科学纪录片的跨文化传播逻辑

美国国家地理频道于 1997 年 9 月在欧洲创立，作为具有全球影响力的媒体品牌，其用户覆盖超过 4.4 亿家庭。如此强大的国际传播力得益于其在跨文化传播过程中对内容的精心打造。霍米·巴巴认为，不同文化之间存在一个中间地带，即“第三空间”。[③] 作为跨文化传播的优质媒介，纪录片在第三空间的表达上具有独特优势。美国国家地理频道的科学纪录片将普世主题与视觉奇观作为跨文化传播的基底，在文化“间性”思维的指导下，通过文化适应实

① 高洋. 中国文化形象在西方影视媒介中的跨文化“误读”——以 BBC 纪录片《杜甫》为例［J］. 中国广播电视学刊，2020（8）：86-88.

② 王琬. 浅谈国外自然类纪录片的创作——以探索频道和国家地理频道为例［J］. 采写编，2017（5）：92-93.

③ 杨希燕，吴宝莲. 基于霍米·巴巴“第三空间”理论探析《英国病人》中主人公的文化身份认同［J］. 吉林师范大学学报（人文社会科学版），2020，48（4）：67-72.

现文化的意义共享和认同建构，再用共通情感的勾连，将观众带入“共在”的合意空间，使观众从“我”转向“我们”，从而塑造出一种优质的跨文化表达模式。

（一）影像触达铺垫跨文化传播基底

美国国家地理频道的科学纪录片涉及化学、宇宙、灵异、动物、陆地、海洋、文化、人物、历史、运动、艺术、求生、纪实、战争、美食、旅游、揭秘等主题，这些普世性题材不受地域与文化的限制，使纪录片能够跨越边界，获得更为广泛的受众。在视听语言方面，美国国家地理频道的科学纪录片巧妙地融合了多种科技手段，为观众带来耳目一新的观影体验，将原本枯燥、抽象的科学知识转化为生动、具象化的内容。例如，高清摄影和摄像技术、空中拍摄技术、平板摄影技术、高速摄影技术、计算机CG与合成技术、全息投影技术、虚拟现实（VR）和增强现实（AR）技术、网络技术和交互媒体等的综合运用，极大地增强了观众的沉浸感与互动感。这种视觉奇观在《宇宙时空之旅：未知世界》《星空瞰华夏》中体现得尤为明显。对难以直接拍摄到的动物世界的还原，对宇宙星体从微观到宏观的呈现，分析当下全球问题时创建的立体虚拟图像，这些都体现出美国国家地理频道已经从“信息的客观传达”转向“信息的精致化呈现”[①]，由此形成其独具特色的风格化影像。而这种风格化影像准确地把握了国际受众的观赏需求，使其制作的纪录片在众多跨文化产品中脱颖而出。

深入叙事层面，美国国家地理频道摒弃了居高临下的说教，转而采用故事化的呈现方式，促进了观众的情感聚合，如《未至之

① 赵鑫，刘钰．技术驱动下纪录片内容呈现技巧的嬗变研究［J］．电视研究，2018（5）：15-18.

境》《珍·古道尔的传奇一生》等影片，巧妙地将自然、科学和探险等丰富多彩的题材置于有趣的故事框架中，给观众带来身临其境的观影体验，增强了他们的参与感。《克里斯·海姆斯沃斯：挑战极限》通过制造悬念，将探险者的角色代入感推向高潮，使观众的猎奇心理逐渐转化为对探险者探险成功的期待，以及对未知自然的敬畏与好奇，从而赋予探险之路以生命力与亲和力。这种纪实与娱乐相结合、故事与科普相融合的制播风格，让美国国家地理频道的科学纪录片获得了更高的关注度与更广泛的接受度。戏剧化的叙事、充满悬念的情节、深入浅出的知识讲解有效平衡了科学纪录片作为科学知识“传播者”的科学性与娱乐性，让受众在潜移默化中实现了对知识的接收。

（二）“间性”思维触发“适地化”文化融合

文化间性是主体文化与异文化接触时，在双方接触地带出现的相互跨越或横越的过程。[①] 双方要在相互作用与观照的过程中尊重并包容他者的差异，以消融文化边界，实现主体共在与文化共存，并通过对话将“你”和“我”转化为“我们”，从而更好地驾驭文化多样性。[②] 这种文化间性思维要求美国国家地理频道的科学纪录片进行“适地化”传播，即通过对中国文化的深入了解，实现“文化适应”，在中国“以人为本”的价值观引领下，推动科学纪录片实现人文主义转向，实现文化的意义共享和认同建构。

从《魅力中国》《透视紫禁城》《伟大建筑巡礼：中国的桥》到《星空瞰华夏》《高考 2020》《未至之境》，美国国家地理频道逐渐突

---

① 王一川. 跨文化学视阈下的文化间涵［J］. 天津社会科学，2022（5）：110-115.

② 周翔，付迎红. 中国影像故事的“叙事—共情—跨文化”互动机制模型——基于对“一带一路”题材纪录片的分析［J］. 现代传播（中国传媒大学学报），2022，44（6）：108-114.

破了“他者”再塑的视角局限，通过内容、语言和形式方面的文化适应，有效增强了相关影片在中国的传播效果。内容适应是文化适应的关键环节，美国国家地理频道充分关注中国观众的兴趣和需求，将历史、自然和动物等备受中国观众喜爱的主题作为重点呈现内容。例如，《高考2020》就体现出美国国家地理频道对社会重大题材的关注和拍摄视角的下沉。影片没有选择宏大叙事，而是聚焦当下社会公众最为关注的“高考”话题，描绘了考生、家长、教师、学校在疫情背景下的生存和发展状况。米切尔·法卡斯导演以温暖的镜头语言，讲述了一个北京家庭在困境中相互扶持、共渡难关的故事。这种以人为本的叙事风格贴近中国观众的审美与文化习惯，尊重他们的情感需求，能够引起他们的情感共鸣。语言与呈现形式在文化适应的过程中同样发挥着重要作用。为了增强中国观众对纪录片内容的理解和接受度，美国国家地理频道在纪录片中采用了中文配音。再如，《未至之境》不仅选取中国国宝大熊猫作为主角，还邀请了华裔女演员杨紫琼进行配音。这不仅提升了中国观众的接受度，也体现了美国国家地理频道主动融入中国文化、促进文化融合的积极态度。这些策略有效增强了纪录片的适地性，进一步推动了跨文化传播的进程。

（三）共情互动构建文化合意空间

通过对美国国家地理频道科学纪录片主题的爬梳可以发现，环保主义、生态主义与人文主义成为其近几年来的创作方向，而这些观念在影片中创设了大规模的情境共在，逐渐打破了文化交流的壁垒，实现了情感的同频共振。美国国家地理频道的科学纪录片聚焦人类共通的情感与诉求，即使观众来自不同的文化背景，对于此类主题的纪录片也有着相似的解码方式。这种基于共通情感的跨文化传播活动，使文化双方能够在共享的意义空间中实现沟通，能够超越文化边界，促进全人类的联结与理解。

当下，美国国家地理频道的科学纪录片不仅以情节推动叙事，还会将观众的情感体验作为重要考量，从而形成了专注于观众的“情感升维”的独特叙事模式。例如，《超凡动物奇观》《海底大揭秘》《奇形怪物》等纪录片在揭秘各类生物的同时，从亲情、友情、爱情等多种角度塑造“共情力”，让观众在欣赏物种多样性的同时，能够站在历史轴线上思考地球生态问题与生命观的宏大命题，进一步挖掘生态危机的社会成因和文化根源，促使观众重新审视人类社会与生态系统之间的复杂关系。随着全球环境危机日益严峻，环保已经成为许多国家的重要议题。因此，美国国家地理频道的科学纪录片通过对动物生活环境严重恶化等问题的再现，将观众再度置于环境议题的讨论中。与此同时，中国提出的生态文明理念，以及“人与自然是生命共同体”“人类命运共同体”等理论为全球环境治理提供了中国方案[①]。这些理念与纪录片的叙事相结合，促进了观众从“认知”到“共情”再到“行动”的转变，实现了科学纪录片的“自反性”教育功能。美国国家地理频道的科学纪录片通过构筑情感共鸣的合意空间，使不同文化能够在相似的认知参照系下形成共通的意义空间，消解并融通情感畛域，减少跨文化传播中的文化障碍。

三、美国国家地理频道科学纪录片跨文化传播效果的表征

B 站作为最早引入弹幕系统的视频平台，拥有较为完善的弹幕

① 赵月枝，范松楠. 环境传播理论、实践与反思——全球视角下的环境正义、公众参与和生态文明理念[J]. 厦门大学学报（哲学社会科学版），2020（2）：28-40.

系统。在B站观看视频时，用户可以对视频内容进行实时评论，发布即时情感①。在当前的网络社交场域下，弹幕互动机制已成为视频吸引用户的重要因素。本文通过爬取B站上美国国家地理频道科学纪录片的弹幕数据，从传播广度、传播深度、传播参与度、情感评价四个维度量化传播效果②，揭示相关纪录片在B站上跨文化传播的现状。

（一）B站上美国国家地理频道科学纪录片的传播概况

美国国家地理频道科学纪录片在B站上的传播效果可以通过播放量、弹幕量、点赞量、转发量、评分等指标来衡量。这几项指标数值的高低不仅反映了用户的关注度与参与度，也反映了纪录片对用户认知与情感共鸣的影响程度。为了直观地分析纪录片的传播效果，本文爬梳了B站上美国国家地理出品的101部科学纪录片的相关数据，并以弹幕数量多少为排序准则，整理了排名前10的影片信息，如表1所示。

表1　B站上美国国家地理频道科学纪录片的播放信息

序号	片名	播放量	弹幕量	点赞量	转发量	评分
1	未至之境（英配版）	1701.6万	10.2万	10.8万	4.62万	9.9
2	宇宙时空之旅：未知世界	3620.2万	9.1万	26.1万	7.3万	9.8
3	无厘头科学研究所 第六季	2186.3万	3.9万	8.9万	2.1万	9.5
4	克里斯·海姆斯沃斯：挑战极限	5684.7万	3.2万	129.3万	2.9万	9.7
5	鸟瞰中国 第二季	434.2万	2.3万	1.1万	0.6万	9.6
6	超凡动物奇观	3656.3万	1.9万	25.2万	1.2万	9.8

① 杨玉宇，张鹏翼．视频社会化标引与标引娱乐化研究——以哔哩哔哩弹幕网为例［J］．图书情报工作，2020，64（8）：125-133．

② 徐敬宏，张如坤．何以圈粉？“转文化传播”的效果研究——以“洋网红”郭杰瑞为例［J］．西南民族大学学报（人文社会科学版），2023，44（7）：147-153．

（续表）

序号	片名	播放量	弹幕量	点赞量	转发量	评分
7	鸟瞰中国 第一季	260.7 万	1.8 万	0.6 万	0.3 万	9.4
8	无厘头科学研究所 第七季	1390.2 万	1.8 万	7.3 万	0.6 万	9.2
9	脑力大挑战 第四季	1272.4 万	1.4 万	3.4 万	0.3 万	9
10	带你探索地球	2295.4 万	1.3 万	25.1 万	0.6 万	9.4

从表 1 中的数据可以看出，弹幕量排名前 10 的纪录片都有较高的评分与较大的播放量，也可以看出中国观众偏爱以动物、科普知识、探险为题材的科学纪录片。此外，受众关注度较高的纪录片更容易激发观众的传播热情，提高观众的参与度。

（二）弹幕主题聚类：环境再现、科普触达与观念延展

本文选取 B 站纪录片频道中出品方为“美国国家地理”的纪录片的弹幕数据作为研究样本，运用 Python 数据爬取工具对相关弹幕文本进行深度挖掘，形成了初始弹幕数据库。随即对收集到的弹幕数据进行清洗与筛选，最终获得 15.9 万条弹幕样本、299 万个字符。与此同时，通过灵活调用公开的 Jieba 分词工具包，根据清洗后的弹幕数据集和分词结果，建立起专属于本研究的停用词表和自定义词表。

目前，主题聚类在学术界的应用非常广泛，常用的方法主要包括 LDA 和 Bertopic 等。其中，LDA 的数据分析稳定性较强，是目前的主流方法。LDA 的全称为隐含狄利克雷分布（Latent Dirichlet Allocation），该模型将所述语料库中的每个文本信息简化为实数向量，每个实数向量表示所述计数率，并且包含一组生成概率模型，这文模型用于统计所述文本语料库中不同主题的离散数据。本文依据 Jieba 分词结果，调用 Pandas、CountVectorizer 和 pyLDAvis 包展开分析。经过多次调整参数，并对比主题聚类数量之间的重叠关

系，最终确定了3个最优主题。相关内容详见表2。

表2 B站上美国国家地理频道科学纪录片弹幕文本的主题聚类

主题及所占权重	核心主题词	主题描述
主题1（35%）	中国 宇宙 好像 三体 致敬 好看 地 害怕 直播 面 重庆 翻译 视频 弟 没事 谢 时代	对中国社会的再现
主题2（33%）	动物 世界 完结 撒花 科学 生物 文明 妈妈 希望 美 爸爸 看着 长城 确实 蜜蜂 外国人 科学家 大脑	科普知识触达
主题3（32%）	人类 可爱 地球 纪录片 生命 厉害 东西 漂亮 喜欢 特效 进化 光 历史 目 发展 眼睛 国家 灭绝	对生命与自然的思考

主题1呈现出观众对于纪录片中对中国社会的真实还原的情感共鸣。在提到“中国”“时代”等宏观概念时，观众会联想到“面”“重庆”“弟”“直播”等更贴近生活的词语，这体现了观众对个人记忆的调动，也体现了纪录片以平民化的下沉视角和故事化的表达方式成功地将宏大叙事模式转换为更接地气的表达方式，从而与广大中国观众形成了深层次的情感联结。主题2反映了观众对科普知识本身的讨论。“科学”“生物”“文明”“大脑”等词的多次出现，展示出纪录片在科学传播方面的卓越效果。该领域的大部分观众属于“理论探讨型”的弹幕用户①，他们倾向于围绕视频内容中的具体科普知识发表看法。这类观众数量的增加有利于优化科学纪录片的传播环境，为提升美国国家地理频道科学纪录片的传播效能奠定坚实的观众基础。主题3体现了用户在观影后对生命与自然的思考。“光”“历史”“发展”“生命”等词语的多次出现，表明纪录片在传递科学知识的同时，也引导观众深入思考人与自然的关系。

① 陈忆金，卓林锴，赵一鸣.学习类视频弹幕用户的交互行为研究［J］.图书馆论坛，2021，41（9）：95-101+124.

（三）情感面向：共通情感促进同向解码

基于以上对主题的分析，我们基本从宏观上掌握了受众对于美国国家地理频道科学纪录片的传播面向与受众触达。然而，美国国家地理频道的科学纪录片在脱离文本生产原有的社会文化场域的"文本旅行"中，是否真正实现了文化联结并消解了固有的情感畛域，还需要进一步探讨。为此，本文通过对弹幕的情感极性分析，深入探讨中国观众在跨文化传播的视角下对美国国家地理频道科学纪录片的情感满足情况。情感分析常用于从宏观层面把握文本的情感走向，目前常用的方法主要包括：SnowNLP、Pysenti、情感词典等。本文调用了 SnowNLP 数据包，对所获取的弹幕文本展开情感极性分析。SnowNLP 能够计算出每一条弹幕文本的情感得分，得分范围在 0 ～ 1。分数越接近 0，表示该条弹幕的情感倾向越消极；反之，分数越接近 1，则情感倾向越积极。具体分析结果如图 1 所示。

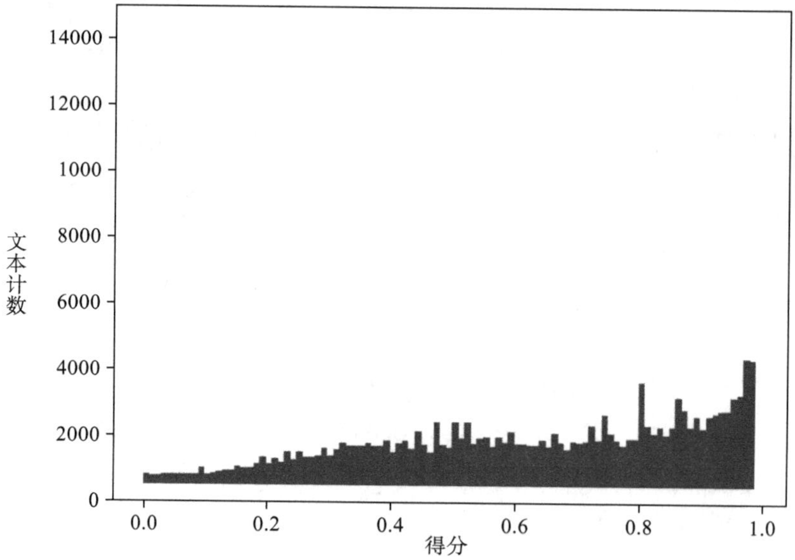

图 1　B 站上美国国家地理频道科学纪录片弹幕的情感极性分析

从图 1 可以看出，中立词在弹幕文本中占比最高，其次是积极词语。这表明，尽管观众对纪录片保持中立的情感态度，但在对视频内容进行评价时，更倾向于使用积极的词语。科学纪录片往往以客观科学为核心主题，强调纪实性。中立情感倾向的弹幕文本反映了观众对纪录片中科学内容的认可与尊重，也反映了在跨文化背景下，中国观众对其他国家从“他者”视角所构建的中国社会情境往往表现出包容的心态。此外，弹幕文本作为一种特殊的评论方式，通常有字数限制，并且会在屏幕上实时显示，观众需要在短时间内快速表达观点。这种限制可能导致观众更倾向于使用中性词和简短的表达方式，以便在有限的空间内高效地传达信息。安伯托·艾柯认为，文本“通达性”问题的关键在于发现“恒久的元素”，即文本世界与现实世界都真实存在的符号[①]。美国国家地理频道巧妙地运用中立的科普内容与共情策略，借助跨界通达的“通用”符号元素实现了传播文本的“沉浸”与“代入”，消除了中西语境的差异，使观众与传播者能够对文本进行同向解码，体现了其较强的跨文化传播效果，为中国的国际传播实践提供了有益的参考案例。

四、美国国家地理频道科学纪录片的跨文化传播经验

美国国家地理频道的科学纪录片通过选择具有国际视野的主题，在“间性思维”的指导下，以文化“杂糅”的方式对中国文化进行“本土化”融合，在 B 站上获得了良好的跨文化传播效果。这一成功实践为中国在国际传播语境中展现国家形象、推动中华文化

① 彭佳，何超彦. 跨媒介叙事中故事世界的述真与通达：中国当代民族动画电影的共同体认同凝聚［J］. 民族学刊，2022，13（9）：44-54+157.

真正“走出去”，提供了新的思路与启示。

（一）推进文化自信自强，以“文化间性”思维构建文化互融共享格局

“文化间性”以一种对话的思维形式存在于不同文化主体之间。在当今的世界格局中，它更强调在尊重文化差异的前提下，采用对话交流的方式搭建文化间相互影响与借鉴的桥梁。然而，不同文化主体在对话、交流与互动中可能会因文化异质性而发生博弈、冲突，甚至对抗，这就决定了中国故事的跨文化传播不可避免地会面临“他文化”的诸多挑战[①]。因此，增强中华文明的传播力与影响力，成为中国在新时代讲好中国故事、推动文明交流互鉴的重要使命。

习近平总书记在中国共产党第二十次全国代表大会上的报告中明确提出了增强中华文明传播力与影响力的任务要求，要“坚守中华文化立场，提炼展示中华文明的精神标识和文化精髓……加强国际传播能力建设，全面提升国际传播效能，形成同我国综合国力和国际地位相匹配的国际话语权”[②]。在当下多元文化共存的社会中，纪录片作为文化交流的重要媒介，对坚定中国文化自信自强、促进国际文化认同具有积极的建构作用。美国国家地理频道通过科学话语的柔性传播和适地化融合，以科学纪录片为媒介拓展了其跨文化传播的场域，激发了国际观众的移情与共鸣，获得了广泛的关注。借鉴美国国家地理频道跨文化传播的成功经验，中国纪录片在创作与传播过程中，应运用“文化间性”的思维框架，秉持人类命运共

① 唐润华，郑敏．文化间性视域下出版业“讲好中国故事”的效果提升路径［J］．新闻爱好者，2021（3）：50-52.

② 习近平．高举中国特色社会主义伟大旗帜 为全面建设社会主义现代化国家而团结奋斗——在中国共产党第二十次全国代表大会上的报告［N/OL］．人民日报，2022-10-26. http://politics.people.com.cn/n1/2022/1026/c1024-32551597.html.

同体的理念，在扎根本国文化土壤的同时，聚焦国际观众的喜好，深入挖掘中国文化与中国智慧。此外，中国纪录片要注重强化情感表达，用情景再现的方式实现共在、共境与共情。关注人类共通的情怀与个体的情感诉求，以超越地域文化的差异。通过传递共同情感，消除人类交流畛域，强化跨文化传播的效果，在国际舞台上构建文化互融共享的格局。

（二）融入跨文化传播生态，掌握文化形象构建的主动权

从 19 世纪末开始，以中国为题材的纪录片往往由外国创作者从“他者”视角进行建构与传播，而中国形象往往通过西方“他者”的经验阐释得以呈现。这种在“他塑”过程中形成的中国形象可能会受到“文化折扣”的影响，甚至面临被恶意扭曲的风险，这不仅会影响国际视野中的中国形象，也会持续影响中国的自我认知。相比之下，美国国家地理频道牢牢掌握了文化形象构建的主动权，有效降低了“他塑”带来的噪声干扰。

作为传递中国价值观念与文化精神的重要媒介，中国纪录片在跨文化传播中亟待打破“他塑”形象的困境，掌握文化“自塑”的话语权，不断探索重塑中国形象的可能，进一步提升中国跨文化传播的影响力。具体来看，中国纪录片应该强化中国形象塑造的自主意识，在国际传播视野下讲述中国历史文化故事。同时，中国纪录片还应该致力于将历史文化资源转化为文化资产，打造具有国际影响力的纪录片品牌，推动中华文化走向世界[①]。纪录片品牌是指具有观众思维、稳定 DNA 和节目模式，可复制的纪录片节目系列，拥有稳定的观众群和强大的文化影响力。[②] 美国国家地理频道的风格

---

① 刘忠波，杨悦．中国形象的文化书写与审美建构：基于中国纪录片国际传播的考察［J］．当代电视，2023（6）：4-9.

② 何艳，张同道．纪录片品牌的生成、发展与瞻望［J］．艺术评论，2021（10）：8-20.

化影像成功塑造了跨文化传播领域的优秀品牌。借鉴这一经验，中国纪录片应精心打造承载国家形象的品牌，通过品牌传播与国际社会接轨，承担起文化价值输出的重任，传递中国品牌的深厚底蕴。例如，北京冬奥会吉祥物“冰墩墩”和故宫品牌，以其品牌影响力和文化感召力获得了国际社会的广泛认同。中国纪录片作为文化传播产业的重要组成部分，应充分利用现有的品牌元素，积极将文化资源转化成文化品牌，通过市场化的制播形式参与到世界纪录片产业中，融入国际纪录片传播生态。

（三）搭载网络社交平台，体察消费习惯，适应分众化传播趋势

在网络社交媒体平台迅速发展的当下，跨文化传播需要选择合适的媒介场域以达到更好的效果。美国国家地理频道的科学纪录片将 B 站作为跨文化传播的媒介场，精准锚定了年轻受众在影像、文化、情感方面的偏好，并利用 B 站的弹幕互动功能，进一步增强了传播效果。

中国纪录片在跨文化传播中应注重对网络社交平台的灵活运用，通过把握国际受众的特点实现精准传播。不同群体的受众具有不同的社会文化背景与情感倾向，因此，在传播之前，应对受众的价值观念、文化背景与思维习惯进行深入调研，确保传播内容契合受众的文化消费习惯与情感需求。只有这样，才能打破文化壁垒，使跨文化传播的效果最大化。此外，值得注意的是，不同网络社交平台在互动性、实时性和用户参与度等方面展现出不同的特点。网络社交平台的海量用户数据为纪录片制作人提供了新的视角。通过对数据的挖掘和分析，制作人可以制定更贴合观众需求的传播策略。

第四章

加拿大文学、文化与教育研究

解读《皮草女王之吻》中的主人公身份建构*

刘克东[①]　王怡然[②]

摘要： 加拿大克里族原住民作家汤姆森·海威的半自传体小说《皮草女王之吻》描绘了加拿大原住民的生活状况，并展示了主人公耶利米·奥基马西斯克服种种困难，重构自己的身份，重新与部落人民产生共鸣的过程。首先，定居殖民者的文化霸权给耶利米的身份认同造成了很多困惑；其次，进入大城市生活后，耶利米在压抑的状态下探索种族身份认同；最后，耶利米通过向本族儿童提供传统克里文化教育、排演传统表演、讲述克里族故事，完成了两次顿悟，从而重构了自己的文化与宗教身份。

关键词： 原住民；《皮草女王之吻》；文化霸权；身份认同；重构

汤姆森·海威（Tomson Highway，1951—）是一位著名的加拿大克里族作家。他曾荣获1989年加拿大勋章和2001年原住民艺术成就奖等重要国家奖项。《皮草女王之吻》是汤姆森·海威于1998年出版的第一部小说，主要讲述了加拿大印第安原住民是如何被

* 本文为国家社科基金一般项目“北美印第安文学中的共同体书写研究”（21BWW067）的阶段性成果。

① 刘克东，哈尔滨工业大学外国语学院教授。

② 王怡然，哈尔滨工业大学外国语学院硕士。

白人压迫，并为反抗这种压迫而努力奋斗的故事。小说中的故事发生在20世纪下半叶，以两个克里族兄弟Champion Okimasis和Ooneemeetoo Okimasis的生活经历为主线。两兄弟来自明尼苏达州北部的小村庄，从小被送往寄宿学校，被迫接受新的宗教信仰。"他们不得不与原住民文化分离，同时对本土文化也逐渐感到陌生。"①他们被牧师改名为耶利米和加布里埃尔，并被牧师们侵犯。与此同时，一个恶作剧者的形象——皮草女王，一直出现在耶利米及其家人的梦境中，注视着他们的命运。在加拿大多元文化的社会中，少数族裔人口稀少且社会地位较低，这反而增强了少数族裔对本族裔的认同感与归属感②。

在《皮草女王之吻》中，主人公耶利米面临着文化霸权下的身份认同困境：一是被强制赋予新的名字，二是地域和语言上的强制隔离。这些困境不仅使耶利米感到迷惘，同时也反映了文化霸权对少数族裔身份建构的影响。

一、文化霸权下的身份认同困境

列维·布留尔认为，原始人把自己的名字看成某种具体的、实在的、神圣的东西。③原住民群体对名字的重视也随时代变迁传承下来。然而，随着白人统治者的文化入侵，小说中的两兄弟被迫在年幼时接受了天主教会赋予的具有强烈天主教色彩的名字。迫于天主教会当时的权威，许多加拿大原住民家庭不得不接受这样的改

① 聂小霞.《皮草女王之吻》与《漫漫回家路》中土著人生存状况的福柯式解读［D］.哈尔滨：哈尔滨工业大学，2020：3.

② 林晓萍.浅析加拿大多元文化政策的成因及其族裔问题［J］.福建警察学院学报，2009（6）：103-109.

③ 布留尔.原始思维［M］.丁由，译.北京：商务出版社，1981：42.

变。儿童更名的现象在北美的其他殖民地也时有发生。在有些殖民地，命名仪式则更为正规、隆重。在特拉华，孩子们的名字是由父母谨慎选择的，由教会认可，邻居见证，并慎重地录入教堂名册。①由原住民父母所起的名字或与家庭有关的名字，例如小说中耶利米的原名“Champion”，实际上来源于他出生那年父亲获得比赛冠军的经历，这个名字不仅代表了家庭的荣耀，还承载着家人的回忆。而经过教会认可或者给予的名字，则多来源于《圣经》中的人名。②这既是宗教教育的萌芽，也象征着白人对加拿大原住民的文化入侵。在《皮草女王之吻》中，天主教会禁止耶利米使用他的原名，要求他使用宗教色彩浓厚的新名字，目的是在原住民幼年时期就将白人的西方文化和宗教植入其生活环境，从而巩固白人在殖民地的文化霸权。

在被强制赋予新的名字后，耶利米开始哭泣，因为他怀念自己原来的名字，这表明他在努力地维护自己与家族之间的联系，同时本能地抗拒西方文化的入侵。然而，在宗教权威的压迫下，他的反抗是徒劳的。耶利米被迫改名的过程，反映了殖民者的文化霸权对加拿大原住民家庭的影响，这使得耶利米很难构建自己的文化身份认同。这一点在耶利米的寄宿学校学习经历中也有体现。当他开始学习英语并接受天主教会的教育时，他开始对基督教的合理性产生怀疑，但他被迫在教会牧师面前表现得顺从。耶利米从书籍中看到，天堂里的人都是皮肤白皙的，地狱里的人都是皮肤黝黑的。耶利米对这种区分方式感到困惑，同时他对“地狱”充满了好奇，但他认为天堂更具有吸引力。牧师对加布里埃尔的性虐待使耶利米进一步质疑天主教会关于欲望的解释。牧师作为传教士，其行为违背

① 张斌贤，李昂．英属北美殖民地社会生活中的教育观念［J］．清华大学教育研究，2021（6）：129-139.

② 同①.

了《圣经》中的教义，这降低了天主教和基督教在耶利米心目中的可信度。然而，在严厉的纪律和惩罚下，耶利米无法向周围的人说出他的怀疑。在寄宿学校，耶利米逐渐抛弃了他的传统语言、习俗和信仰，并成功地转变为一个“精神上的白人”[①]。西方殖民者强加在原住民身上的文化霸权对原住民的传统文化极具破坏性。自西方开始对加拿大原住民聚居地实行文化及宗教入侵以来，原住民从出生起就被剥夺了文化身份。联邦政府成立后，实行同化教育政策，要求学校使用英语进行教学，并强制原住民儿童到这些学校接受教育[②]。在《皮草女王之吻》中，耶利米被要求使用英语与学校中的其他人交流，否则他将面临严苛的惩罚。耶利米失去了学习和使用本族语言的机会，转而学习英语，这体现了西方殖民者想将原住民与其所属的文化和话语领域割裂开来的意图。此外，耶利米被迫离开了原住民聚居区，每年只被允许回家一次。可以说，耶利米与原部落几乎处于隔离的状态。克里族部落有自己的宗教信仰及文化传统，但在寄宿学校，作为原住民的耶利米被灌输基督教教义和价值观，完全被基督教和西方价值观同化。同为原住民的阿曼达劝告耶利米：“你不应该忘记我们也有历史。”[③]失去自己的语言和传统宗教信仰导致耶利米和加布里埃尔与克里族文化的纽带被割裂，同时也为他们构建自身身份认同带来更大的挑战。

---

① 刘克东，刘仪. 从《皮草女王之吻》看北美印第安寄宿制学校对印第安人的同化教育[J]. 山东外语教学，2018（5）：91-97.

② 高霞. 加拿大克里人语言政策演变及其语言保护[J]. 民族高等教育研究，2016（2）：21-25.

③ HIGHWAY T. Kiss of the Fur Queen[M]. Norman: University of Oklahoma Press, 2000: 123.

二、在自我压抑中探索种族身份认同

脱离寄宿学校之后，耶利米开始真正接触到城市中的多元思想和同龄的白人，但此时的耶利米仍面临着种族身份和文化认同的困惑。当耶利米进入城市里的高中时，他在迎合白人文化和坚守克里族传统文化之间摇摆不定，对自己的种族身份感到迷茫。在多元文化的社会中，耶利米对于自身种族身份的认同受到其家庭、个人经历和社会环境的影响。耶利米的家庭对西方文化的入侵可谓是放弃抵抗，耶利米的父母已被转化为虔诚的天主教信徒，他们说："天主教会拯救了我们的人民。没有它，我们今天就不会在这里。这是与上帝交谈，感谢他的唯一且真正的方式。你若信仰其他宗教，你将直接下地狱，这是肯定的。"[①] 这加剧了耶利米确立种族身份的困难。在个人经历中，耶利米幼年时期遭遇的创伤性事件影响着他探索种族身份的状态和积极性。在寄宿学校就读期间，耶利米目睹了牧师（同时也是寄宿学校的校长）对弟弟实施性侵，他自己也受到了同样的对待。正如小说中所写："耶利米看到的不是冬天水汽中彩虹色的光点，而是校长闪闪发光的眼睛，离他的眼睛只有几英寸。喷在他脸上的不是赛狗拉雪橇上的雪花，而是这位圣人的唾液……是他，他又来了。"[②] 这样的经历给兄弟二人带来了不同程度的精神创伤。这种创伤在成年的加布里埃尔身上表现为自暴自弃的生活态度，在耶利米身上表现为无法与人建立亲密关系。在精神创伤没有得到正确治疗的情况下，兄弟二人采取了两种截然不同的应对方式。加布里埃尔对天主教产生厌恶情绪，对盲目信仰天主教的父母感到失望，失去了对自身族群的归属感，选择远离家乡，在欲

① HIGHWAY T. Kiss of the Fur Queen[M]. Norman: University of Oklahoma Press, 2000: 123.

② 同 ① 73.

望中放纵自己，最终染上艾滋病而死。耶利米对天主教仍怀有崇敬之心，选择遗忘和逃避这段经历。耶利米虽然选择了一种压抑自我的生活方式，却用另一种方式释放自己的欲望，那就是通过音乐表演来向白人社会证明自己的能力，期望真正成为白人社会的一员。

对耶利米来说，白人社会给他带来的影响使他对自己的种族身份产生了矛盾的情绪。他一方面试图迎合白人社会的期待，另一方面又无法摆脱自己的克里族身份。耶利米所面临的种族身份困惑，反映了许多少数族裔个体在多元文化环境中所面临的普遍问题。耶利米还不得不面对来自白人社会的偏见和歧视，这些外部压力进一步加深了他对种族身份认同的困惑。白人社会对克里族和其他少数民族存在一定的偏见和歧视，这种歧视往往会对个体的种族身份认同产生负面影响。尤其是在大城市这样一个由白人主导的社会环境中，耶利米感受到的不仅是文化上的排斥，还有对自己种族身份的否定和压迫。起初，耶利米渴望被社会和白人群体接受。于是，他试图隐藏自己作为少数族裔的特征。这一点在他历史课上的演讲中可见一斑。“为了这个场合，他一直在练习自己的口语，直到舌头疼了为止。”① 不仅在语言上，耶利米在音乐上也对典型的白人音乐充满向往，对印第安传统音乐却不感兴趣。在阿曼达邀请他参加的印第安集会上，他对印第安舞曲不屑一顾，认为那是“迪士尼”塑造出来的印第安人形象，而肖邦的舞曲才是他真正想弹奏的音乐。总之，耶利米对自己的种族和文化缺乏认同感。正如小说中所写，“我甚至不知道我是否喜欢克里族……已经变成了一种即将爆发的厌恶，这使他感到沮丧。但是为什么他不应该恨这个地方、这些廉

① HIGHWAY T. Kiss of the Fur Queen[M]. Norman: University of Oklahoma Press, 2000: 121.

价的行为、这个被征服的种族？”[①] 他拒绝参加原住民举办的聚会，因为他对原住民的传统舞蹈一无所知。他不想生活在落后的家乡，但对他来说，温尼伯这座大城市也像是“炼狱”，因为白人同学和其他原住民同学的排斥让他意识到，他的肤色和出身决定了他永远不可能被白人群体接纳和尊敬。弟弟加布里埃尔揭穿了耶利米迫切进入白人社会的心理：“你太着急了。任何事。你和你洁白的手指。这就是你想要的，不是吗？成为一个白人。”[②] 耶利米在钢琴大赛的决赛中真正意识到自己不可能融入白人社会的现实，并感受到了故乡的召唤。“耶利米紧紧抓住象牙，直到他的指关节和象牙一样白。这些不是钢琴上的琴键，而是一段弯曲的去皮云杉，是雪橇的把手……但是他认识到他不可能融入，他试过了。他试图改变他过去的意义、他的发根、他的肤色，但他是克里族的一分子。他和肖邦有什么关系？”[③]在得知自己的演奏让印第安人朋友自豪时，耶利米对白人社会的憧憬被对克里族和印第安原住民文化重新产生的认同感取代了。

三、在两次顿悟后重建文化身份认同

耶利米所面临的身份认同难题是其家庭环境、个人经历和社会环境共同作用下的产物。对个体而言，重建文化身份认同的需求是持续存在的。在小说中，通过两次文化和信仰上的顿悟，耶利米找到了重建身份认同的方法，即继承克里族文化，并在思想上摆脱白人社会的束缚。

---

① HIGHWAY T. Kiss of the Fur Queen[M]. Norman: University of Oklahoma Press, 2000: 142.

② 同① 167.

③ 同① 174.

在温尼伯和多伦多经历了长达8年的城市生活后，耶利米逐渐意识到，自己的努力永远无法改变白人群体居高临下的态度和对少数族裔的偏见。耶利米作为钢琴家，有能力承担自己一个人在温尼伯的开销，并且他在全国钢琴比赛中获得了冠军，可见他具有非常优秀的钢琴演奏水平。然而，即使拥有这样高超的钢琴演奏水平，也无法消除西方社会对少数族裔和有色人种的歧视和偏见。在钢琴演奏比赛上，耶利米经历了第一次顿悟。他用属于自己种族的热情和演奏方式获得了冠军，同时找回了对克里族文化的认同感与对克里族的归属感，但他演奏的内容还局限于白人创作的古典音乐，尚未深入挖掘和展现本族文化的内涵。直到回到家乡，在父亲临终之际，耶利米继承了父亲口述的克里族异教故事和文化传说，同时在与阿曼达姥姥的交流中得知了更多关于异教故事的细节与真相。自此，耶利米以克里族文化继承者的身份，重新开始传承和演绎传统克里族文化。

面对因不被白人社会认可而产生的挫败和迷茫，耶利米逐渐意识到少数族裔传统文化即将失去传承的现状，他通过传承、发扬本族文化的方式重建自己的身份认同。在小说中，原住民从小与他们的社区分离，他们的本土语言和文化的存续受到了严重威胁，他们的故事和历史亟待传承。“没有被教授歌曲、舞蹈等艺术和实践技能，（原住民）后代的身份、归属感正在丧失。”[①] 语言和文化的传承是保护少数族裔传统并使之充满活力的关键。然而，在西方文化的入侵下，克里族部落的文化，如传统舞蹈和神话故事等，被认为是邪恶的象征，并且处于濒临消亡的境地。当阿曼达的姥姥在俱乐部遇到耶利米时，她发现耶利米竟已忘记了克里族部落的传统舞蹈。

① KOVACH L. Birth, death, healing: Cycles and repetitions in Tomson highway's Kiss of the Fur Queen[J]. University of Bucharest Review: Literary and Cultural Studies Series, 2017, 7(1): 66.

小说中写道："'你们北方人，'她叹了口气，带着怀旧之情，'你失去了你们所拥有的舞蹈，这太糟糕了，你知道吗？所有那些美丽的歌舞。'"[①]意识到克里族传统文化面临的严峻形势，耶利米选择在温尼伯的儿童中心教授克里族的孩子们传统的克里族语言和音乐。同时，他也在无意识地重建自己的种族身份认同。"这就是耶利米的日常工作——为城市里的原住民儿童提供教育，他们中的大多数来自破碎的家庭。"[②]耶利米试图通过传统文化激发原住民儿童的学习兴趣，从而实现文化的保护和传承。同时，在他与弟弟加布里埃尔合作的歌舞表演中，曲目的创作和编排标志着他成功地重建了种族身份。与从前在音乐比赛中演奏的"白人音乐"不同的是，耶利米这一次的表演是基于克里族的传统故事、异教神话以及克里族的复合型音乐。耶利米通过歌舞的表现形式，重新诠释了克里族异教神话的内容，并以西方人和原住民都能接受的方式呈现出来。小说中写道："耶利米敲了敲剧本，说：'如果詹姆斯·乔伊斯可以描绘1903年一个爱尔兰人在都柏林生活的一天，为什么我不能演绎1984年一个克里人在多伦多生活的一天？'"[③]耶利米还在表演的歌词中表达了自己对西方天主教文化的态度——"你还没有吃够人肉吗？"[④]在克里族的传统故事中，"Weetigo"是一个吃生肉并被视为罪犯的角色，而在天主教中，食用生肉（即"圣餐"，耶稣的肉体碎片）反而是神圣之举。耶利米想通过他编排的歌舞表演发扬克里族的异教文化和传统文化，从而获得本族人民的认同，并让西方世界对印第安文化刮目相看。

耶利米的第二次顿悟使他完成了思想和价值观上的蜕变，进

---

① HIGHWAY T. Kiss of the Fur Queen[M]. Norman: University of Oklahoma Press, 2000: 142.

② 同① 215.

③ 同① 221.

④ 同① 236.

一步促使他重建对克里族的身份认同。耶利米出生于一个克里族家庭，不幸遭遇了白人社会对原住民及其文化的压迫和歧视。在殖民主义教育系统下，耶利米在童年时期遭受了精神和身体的双重虐待，这使他不信任并排斥白人社会。这种排斥表现为耶利米后期对天主教的抵抗和拒绝。他不愿让自己和弟弟受制于天主教的价值观和行为准则，努力保护和坚持克里族的异教传统和文化。他反对西方霸权对克里族的忽视和打压，坚守着自己作为一个克里族人的信仰。这不仅体现了个体对自我保护的需求，同时也是对白人社会体系中压迫和剥夺的回应。对克里族人来说，重建自己的身份、信仰自己的宗教、与自己部落的人民建立信仰和文化上的联系，是摆脱白人社会束缚的关键。

起初，耶利米因为童年的精神创伤，刻意回避谈及年幼时被天主教牧师侵犯的痛苦经历。但由于父母虔诚而坚定地信仰天主教，他对白人社会信奉的宗教一直怀有复杂的感情。一方面，他认为接受白人的价值观才能在白人社会生存，所以他不得不内化白人给他灌输的信仰；另一方面，他又对这种信仰感到迷茫，正如小说中写的，"'嗯，那么，这个……天主教的事情对你来说意味着什么？'耶利米找不到词语来表达他的信仰"[①]。当弟弟告诉耶利米，阿曼达说印第安人也有自己的宗教时，耶利米气急败坏地说"没有这回事"，他并不认同弟弟与阿曼达对于自身族裔的归属感。在钢琴比赛获得冠军后，他才从思想上接受了自己无法融入白人群体的现实。耶利米第二次顿悟是在弟弟的病床前。弟弟患上了艾滋病，已经无药可医，在医院的病床上请求自己的兄长不要让牧师给他做临终祷告，也不想吃"圣餐"，因为这种仪式来源于曾经给他带来童年创伤的天主教以及白人社会。然而，弟弟的请求遭到了母亲的强

① HIGHWAY T. Kiss of the Fur Queen[M]. Norman: University of Oklahoma Press, 2000: 148.

烈反对。母亲对耶利米说："如果你的兄弟没有接受最后的仪式……他的灵魂将下地狱！"[①]。耶利米不愿违背自己与弟弟的约定，在弟弟濒死时，他将牧师赶出了病房，并对牧师说："这里有人快死了！我们是印第安人！我们有权举行我们自己的宗教仪式，就像其他人一样！"[②] 耶利米还请来了阿曼达的姥姥，因为她熟知印第安人的临终仪式和文化。最终，弟弟在印第安文化中的"神圣药草"的烟雾中离开了人世。耶利米在弟弟去世前拒绝牧师准备的圣餐和仪式，这不仅是他尊重弟弟愿望的表现，也是他对白人强加在印第安人身上的价值观的祛魅。他在思想上重建了自己的身份认同，因为他遵循了克里族的传统，并对印第安宗教和文化对原住民的影响有了更进一步的了解。

通过两次顿悟，耶利米完成了他的身份重建，进入了种族身份建构的最终阶段，即"对种族身份有更深入的理解和欣赏"。耶利米通过教育、舞台表演的形式重新诠释了克里族的传统文化，同时他也摒弃了之前长期信奉的白人价值观，回归克里族的传统，完成了他的身份重建。他意识到，"个人只有通过自己的努力才能真正改变自己的处境，建构自己的身份。依赖他人，只会以失败告终"[③]。

四、结语

作为汤姆森·海威的半自传体小说，《皮革女王之吻》描绘了原

① HIGHWAY T. Kiss of the Fur Queen[M]. Norman: University of Oklahoma Press, 2000: 239.

② 同 ① 242.

③ 关银霞. M·劳伦斯小说中的文化身份构建与民族意识彰显［J］. 广东外语外贸大学学报，2017（3）：88-93.

住民的生活状况，并展示了原住民作为加拿大政府托管人被剥夺公民权利的现状[①]。本文探讨了耶利米·奥基马西斯如何重构自己的身份，以及他如何与自己部落的人民产生共鸣。最初，耶利米试图反抗西方霸权对他的影响，但现实的打击让他感到迷茫；在大城市开始生活后，耶利米开始对自己的社会身份感到困惑；最后，他通过向孩子们传授克里族的传统文化知识，并排演了一场有关克里族传统文化的表演，经历了两次顿悟，从而成功重构了自己的文化和宗教身份。

① 贺建涛．二战后加拿大少数族群公民身份的构建与调适［D］．天津：南开大学，2013：3.

《猫眼》中的隐性暴力与成长困境*

袁霞①

摘要： 玛格丽特·阿特伍德的《猫眼》以追忆似水流年般的笔触，描写了画家伊莱恩不同时期的心路历程。然而，小说中却潜藏着一股暗流。伊莱恩与几位童年小伙伴复杂微妙的关系和充满对抗性的友谊涉及女性成长过程中所面临的隐性暴力。在霸凌者与被霸凌者的故事背后，是根深蒂固的"好女孩儿"文化和厌女的社会环境。本文通过《猫眼》探寻二十世纪四五十年代加拿大女孩儿们的成长困境，并反思造成这一现象的文化环境。

关键词： 玛格丽特·阿特伍德；隐性暴力；"好女孩儿"文化；厌女

玛格丽特·阿特伍德的半自传体小说《猫眼》叙述了中年画家伊莱恩回到家乡多伦多举办个人作品回顾展，故地重游勾起了她对往昔的种种回忆。小说以"挽歌式"②的基调，通过现实与回忆双线叙事的手法，描写了伊莱恩不同时期的心路历程。其中，童年的经历在小说中占了很大篇幅。阿特伍德曾在访谈中指出，她试图利用这部作品为所有那些已从她童年中消失的东西建立一个文学的家

---

* 本文为国家社科基金重大项目"21世纪英语文学纪事与研究"（23&ZD304）的阶段性成果。

① 袁霞，南京师范大学外国语学院教授，博士生导师。

② BROOKNER A. Unable to Climb Out of the Abyss [J]. Spectator, 1981: 32.

园。[①]然而，小说那追忆似水流年般的笔触中，却潜藏着一股暗流。伊莱恩与几位童年小伙伴复杂微妙的关系，特别是她和科迪莉亚充满对抗性的友谊，涉及女性成长过程中所面临的隐性暴力。小说中对女性关系的描述暴露出很多问题，尤其是社会环境对伊莱恩等人的心理健康产生了很大的负面影响[②]。因此，这不仅仅是霸凌者与被霸凌者的故事，更与文化的局限性密切相关。本文试图对这种隐性暴力进行分析，探寻二十世纪四五十年代加拿大女孩儿们的成长困境，并反思造成这一现象的文化环境。

一、"好女孩儿"文化：隐性攻击的根源

从20世纪70年代起，关于女性生活中的各种问题，如家庭暴力、女性健康等开始进入公众视野，在社会话题中占据了一席之地。而未成年女孩间存在的攻击行为却如同一个盲区，鲜有人探讨。2002年，女性研究学者蕾切尔·西蒙斯通过大量调查采访，撰写并出版了《女孩们的地下战争：揭秘人际交往中的隐性攻击》，打破了这一领域的沉默。她在书中指出，10岁至14岁之间的女孩儿中盛行一种隐性的攻击文化，其中的霸凌行为如同"瘟疫"，"独特且具有毁灭性"[③]。与男孩儿间的攻击方式不同，女孩儿间的攻击大多不会诉诸肢体冲突，形式往往更加间接、隐蔽，如排斥对方、

---

① INGERSOLL E. Waltzing Again: A Conversation with Margaret Atwood[J]. Ontario Review, 1990(32): 9-10.

② AHERN S. Meat Like You Like It: The Production of Identity in Atwood's Cat's Eye [J]. Canadian Literature, 1993: 9.

③ 西蒙斯.女孩们的地下战争：揭秘人际交往中的隐性攻击[M].徐阳，译.海口：海南出版社，2022：3.

说闲话等。很多人会误将女孩儿的“另类攻击行为”① 视为其成长过程中的正常现象，以致对霸凌者和被霸凌者都造成了长远的伤害。西蒙斯在书中第一章引用了《猫眼》里的一个情节，以此来展现这种另类攻击行为的隐秘性。女主人公伊莱恩恐惧地独自坐在窗台上，在几位女性朋友的逼迫下，拼命回想自己到底做错了什么。这时，伊莱恩的爸爸走进屋子，问她们玩得怎么样。伊莱恩没有回答，朋友们的表现则耐人寻味。卡罗尔和格雷斯分别客气地说了句“谢谢”，科迪莉亚从她们那边的窗台上下来，爬到伊莱恩身边，紧挨着她坐下——

> “我们非常开心，非常感谢。”她用成年人的腔调说。我爸爸妈妈都认为她很懂礼貌。她搂着我，紧紧地搂了一下。表明我和她是一伙儿的，也暗示我要听话。只要我坐着不动，什么都不说，不要露馅儿，就不会有问题。然后，我就能摆脱被孤立的处境，再次被她们接纳。我笑着，终于松了一口气，又非常感激，身体颤抖起来。
>
> 但是，爸爸一离开，科迪莉亚就转过身来看着我。她的表情与其说是生气，不如说是伤心。她摇摇头。“你怎么能这样？”她说，“你怎么能那么没礼貌……恐怕你免不了一顿罚了……”②

西蒙斯通过《猫眼》里的这个例子说明，女孩儿间的另类攻击行为往往处于成人的“探测雷达”③之外，她们以甜美的表象迷惑大

① 西蒙斯.女孩们的地下战争：揭秘人际交往中的隐性攻击［M］.徐阳，译.海口：海南出版社，2022：25.

② 阿特伍德.猫眼［M］.黄协安，译.郑州：河南文艺出版社，2022：121.

③ 同② 25.

人，背地里却使出各种小手段，长时间隐秘地控制他人。有时候或许是女孩儿之间的一个眼神，另一个女孩儿就被孤立了。有时候几个女孩儿在一个角落里玩耍，看似很亲密的场景，但其中一个或许正忍受着折磨。心理学家琳恩·迈克尔·布朗和卡萝尔·吉利根将这种行为称为"关系侵犯"[①]，即一种刻薄或虐待性的互动状态。霸凌者通过暗中操控来获取权力，实现自己的目的，而受害者往往会像伊莱恩那样，为自己的遭遇感到自责。

那么，在伊莱恩童年时代暗潮汹涌的女性友谊里，她为何会成为被排挤的那个人？其中最大的原因就是她成长于一个非传统型家庭。伊莱恩的父亲是昆虫学家，因为工作的关系，他每年春天都会带着家人前往魁北克北部，去监测森林，收集昆虫标本，一家人的生活类似于游牧民。伊莱恩在丛林里度过了童年的大部分时光，她快八岁的时候，父亲调到多伦多大学动物学系工作，他们家在城里定居下来，伊莱恩正式上学。刚开始，伊莱恩对新生活充满了好奇和渴望，特别希望结识几个女性朋友，不料这却成了她"噩梦"的开端。一直以来，父母对伊莱恩都是放养式教育，伊莱恩平日里的玩伴也只有哥哥，这使她缺乏与其他女孩儿交往所需的社交技能。她努力融入新生活，先后认识了卡罗尔、格雷斯和科迪莉亚，通过她们进入了一个女孩儿的世界。然而，在这几个成长于文明世界的女生眼里，伊莱恩家"就像某个原始部落……让人觉得不可思议"[②]。她们从小就接受了各种教化，认为符合标准和规范的人或事才是"正常的"，而不符合者则被视为"不正常的""反常的"。有学者指出，"正常和不正常之间的划分，使每个人都受到影响……（我

① BROWN L M, GILLIGAN G. Meeting at the Crossroads: Women's Psychology and Girls' Development[M]. Cambridge, MA: Harvard University Press, 1992:16.

② 阿特伍德. 猫眼［M］. 黄协安，译. 郑州：河南文艺出版社，2022：50.

们的社会）存在一整套衡量、监督和纠正不正常的技术和体制”[①]。提到“标准和规范”，人们最简单的反应就是去适应，因为接受比反抗更明智，更容易。科迪莉亚等人对规范化的话语体系加以内化，并用来衡量他人的行为举止，将伊莱恩一家的生活视为脱离常规的，并把伊莱恩看作异类，想尽办法孤立她，对她进行了长达两年的精神折磨。伊莱恩的一举一动都逃不过她们的眼睛，她的表情、说的话、穿的衣服、走路的姿态、吃饭的样子，一旦不符合要求，她便会遭到警告，或受到惩罚。伊莱恩则像被蛊惑了一样，她不断贬低自己，认为自己“不正常”[②]，把希望寄托在几位好友身上，渴望在她们的帮助下，最终“解决问题”[③]，成为正常人。

对于这几个女孩子之间的关系，小说中的父母、老师、同学大都不知情,“这是四个人的秘密”[④]。作为霸凌的受害者，伊莱恩“宁愿委屈自己，也要竭力维持这份伤害自己的友谊”[⑤]。她始终保持沉默，不惜自虐，也不愿把自己受的伤害告诉任何人，连妈妈都蒙在鼓里。因为她知道，一旦跟外人说了，她就会“被彻底抛弃”[⑥]。由于内心极度缺乏安全感，且“对关系损失充满了恐惧”[⑦]，伊莱恩养成了一种讨好型人格，她会自我麻痹，并暗示自己朋友们并非故意这么对她，一切都是为了她好——

科迪莉亚是我的朋友。她喜欢我，她想帮我，她们都一

---

① RIVKIN J, Ryan M. Literary Theory: An Anthology[M]. Malden, MA: Blackwell, 1998: 469.

② 阿特伍德. 猫眼［M］. 黄协安，译. 郑州：河南文艺出版社，2022：123.

③ 同②123.

④ 同②125.

⑤ 西蒙斯. 女孩们的地下战争：揭秘人际交往中的隐性攻击［M］. 徐阳，译. 海口：海南出版社，2022：12.

⑥ 同②125.

⑦ 同⑤328.

样。她们是我的朋友，我的女性朋友，我最要好的朋友。我没有交过朋友，我害怕失去她们。我要讨好她们。[①]

伊莱恩的这种沉默恰恰成了滋养“地下战争”的土壤，以科迪莉亚为首的小伙伴们变本加厉地虐待她，使所谓的友情变成了“小女孩儿之间相互控制、背叛和伤害”[②]的利器，伊莱恩甚至差点儿因此丢掉性命。

西蒙斯在调查中发现，女孩子们之所以会诉诸隐性攻击，是因为她们身处的文化环境对男性和女性有不同的角色期待。男人向来被视为家里的顶梁柱，必须显示刚硬的一面，攻击性被视为男子气概的象征；而女人则需扮演照顾者和付出者的角色，温柔可人是她们应该具备的特质。人们理想中的“好女孩儿”具有关爱他人、支持他人的能力，把“照顾他人摆在首位”[③]。这种“好女孩儿”文化根深蒂固，是西方社会一直极力宣扬的女性行为准则。在《猫眼》里，女主人公的童年和少年时代恰逢“二战”前后。那个时候，整个西方世界兴起了“家庭崇拜的思潮”，为了给从战场上归来的男性腾出工作岗位，许多在 20 世纪 40 年代活跃于社会公共领域的女性又重新回归家庭[④]。北美极力强化和维护“快乐的家庭主妇”这一女性理想形象，这是维多利亚时代“家中天使”形象的延伸。当时的女性不必拥有自己的事业，她们只需待在家里，处理日常琐事[⑤]，比如做饭、洗衣、插花等，来取悦养家糊口的丈夫。卡罗尔、格雷

① 阿特伍德. 猫眼［M］. 黄协安，译. 郑州：河南文艺出版社，2022：125.

② 吉，罗斯. 女性主义有什么用［M］. 吴庆宏，译. 南京：译林出版社，2021：329.

③ 西蒙斯. 女孩们的地下战争：揭秘人际交往中的隐性攻击［M］. 徐阳，译. 海口：海南出版社，2022：199.

④ 同② 222.

⑤ STREHLE S. Fiction in the Quantum Universe[M].Chapel Hill: North Carolina Press, 1992: 168-169.

斯和科迪莉亚的妈妈都是这样的女性。在这三位妈妈中，作者着墨最多的是格雷斯的妈妈史密斯太太。她总是穿着印花家居便服，外面套着宽松的围裙，因为经常洗衣服的缘故，一双手关节突出，皮肤发红。科迪莉亚家里有清洁工，她的妈妈不用做那么多家务，平日里的消遣就是戴着园艺手套插插花，或是学一点儿绘画，扮演着取悦丈夫的“花瓶”角色。卡罗尔的妈妈打扮得中规中矩，爱穿两件套，她偶尔在电台唱歌，但用的是假名，以免被别人知道。这些理想中的“好妈妈”为家庭无私奉献，代表三种不同的“家中天使”形象。在社会的期待中，“好妈妈”的女儿也必须温柔懂事，会照顾人。她们从孩童时就开始接受如何成为“好女孩儿”的规训，并在潜移默化中将它内化为自身思想的一部分，扮演社会赋予她们的角色。

学校和家庭是接受规训的两个重要的地方。从伊莱恩上学的第一天起，她的性别身份建构过程就开始了。她必须换上适合自身性别的服装，培养女性气质；学校入口处标着“女生”和“男生”的标识，学生进校的时候不能混淆；与同伴们一起玩耍时，她得“刻意装得像女生”[①]。在格雷斯家，伊莱恩和女友们玩剪贴簿游戏，这是一种社会化的活动，是在学习如何成为合格的家庭主妇。通过游戏的方式，女孩儿们将社会对女性特质的要求加以内化。由于“好女孩儿”文化要求女孩子不能太张扬、太直接，更不能有攻击性，因此，她们往往采取一种“迂回的策略”，哪怕这么做是在培养一种虚伪和矛盾的性格。几个女孩子玩游戏时，每次格雷斯和卡罗尔交换剪贴簿看，都会异口同声地说：“哎呀！你的太好了，我的不好，我的很糟糕。”[②] 其实她们言不由衷，都觉得自己剪得好，但这种恭维话不得不说。慢慢地，伊莱恩也会说了。因为“好女孩儿”

① 阿特伍德.猫眼［M］.黄协安，译.郑州：河南文艺出版社，2022：53.

② 同①54.

必须贬低自己，不能太直白，要照顾别人的情绪，否则就是太自私。由此可见，女孩子扮演的角色始终笼罩在父权制的阴影之下，她们被迫遵守父权制规范下的种种陈规定见。即使在青春期女孩儿所处的社会环境中，父权制再生产的动力也无处不在，“贯穿了整个社会体系的生产网络”[①]，使真实的女孩儿世界成了充满权力建构的复杂世界。

二、不平衡的家庭养育模式：另类攻击行为的关键

在伊莱恩一家定居多伦多之前，“二战”尚未结束，“战争的消息通过收音机渗透进来”[②]，给宁静的生活带来一些刺耳的噪声。战后的加拿大人忙于和平时期的重建任务，一度忽视了孩子们的精神成长。以当时广泛发行的《星报周刊》为例，直到40年代末50年代初，《星报周刊》的作家才开始关注加拿大青少年的发展问题，越来越多的撰稿者重视起青少年的心理健康，马乔里·厄尔便是先行者之一。1946年11月，厄尔发表了一份关于加拿大集体精神健康的严峻声明——《我们的头号健康问题》，提供了一项令人震惊的统计数据。每年进入精神病院的人比从大学毕业的人还多。超过10%的人口患有某种精神疾病，其中，1.5%的人患有极端的“异常精神病”。厄尔警示，如果这种趋势继续发展下去，每20个加拿大婴儿中就有一个最终会进精神病院。[③]厄尔的观点虽说有些极端，但得到了《星报周刊》同时期撰稿人的支持。1950年的一篇社论指出，在过去十年中，精神病院的住院人数增加了一倍多，精神病

① FOUCAULT M. The Foucault Reader[M]. Toronto: Random, 1984:61.

② 阿特伍德. 猫眼［M］. 黄协安，译. 郑州：河南文艺出版社，2022：24.

③ EARL M. Our No.1 Health Problem[J]. The Star Weekly Magazine, 1946: 4.

比“癌症、脊髓灰质炎和肺结核的总和”更具威胁性。[①] 究其原因，战时仓促形成的婚姻、经济结构调整，以及和平时期角色的重新分配，使得父母和子女都难以维持健康的关系。有作者在反思世界范围内暴力和恐怖的战争给青少年造成的压力时，强调了由此引发的家庭和社会关系动荡不安的问题。[②] 受此影响，年轻人产生了一系列不良行为。

诚然，加拿大青少年的心理失调与更普遍的战后气候有关，但父母的负面影响也是不容忽视的重要因素。[③] 作为父权制下的“一个小单元”，家庭是个体与社会相连的纽带。[④]《星报周刊》1948 年 10 月 2 日发表的一篇社论指出：“儿童从出生到青春期接受的训练和指导类型决定了其总体稳定性……如果父母无法给予孩子发展自身能力和获得社交自信的机会，孩子可能会变得神经质。”[⑤] 这一观点得到了精神健康领域专业人士的广泛认同。他们认为，父母与孩子之间的关系会影响孩子日后与他人建立并维持关系的能力。父母通过与孩子相处，使孩子获得教养，让孩子体验与他人一起生活的充实感。[⑥] 相反，父母的疏远会导致孩子发展出攻击性行为，并因此无法应对挫折。研究表明，在大多数情况下，霸凌者与父母的关系是“不安全的”，其特点是父母未能及时关注孩子的需求。更重

---

① Anon. To Promote Mental Health for Canadians[N]. The Star Weekly Magazine, 1950: 6.

② Anon. Giving the Children a Chance[J]. The Star Weekly Magazine, 1947: 2.

③ MATTHEWS F. The Utopia of Human Relations: The Conflict-Free Family in American Social Thought, 1930-1960 [J]. Journal of the History of the Behavioural Sciences, 1980, 24(4): 343-362.

④ 米利特 . 性的政治［M］. 钟良明，译 . 北京：社会科学文献出版社，1999：50.

⑤ Anon. Too Many Too Often Neglected [J]. The Star Weekly Magazine, 1948: 6.

⑥ WALL J. Ethics in Light of Childhood[M]. Washington: Georgetown University Press, 2010: 165.

要的是，孩子的父亲“没有表现出太多的慈爱和鼓励”①。在家庭中，父亲作为“积极的男性角色模式”②，能够教会孩子成熟的行为方式，尤其在孩子的恋母情结时期，父亲的存在对孩子的个性发展具有重要的影响。社会学家南希·霍多罗夫指出：“恋母情结时期专注于获得稳定的性别身份……正是在这个时期，父亲以及其他男性，开始在孩子的客观物质世界里变得重要起来。”③他们的理性和信任感能够引导孩子在情感学习和社会学习方面朝着正确的方向发展。对于父亲这个角色，阿特伍德在小说里的描写却是负面的。除了伊莱恩的爸爸，“所有的爸爸白天都是见不到的。白天是属于妈妈的，爸爸通常在晚上才出场。爸爸夜里回家的时候，拥有无法形容的巨大能量。他们的能量不是肉眼可以看清楚的”④。这些“隐形”的爸爸是战后重建的重要力量，他们平时很少关心自己的孩子，却拥有非常强大的影响力。比如，当卡罗尔化了妆，妈妈就会打她，还会跟她说：“等你爸爸回家，你看他会怎么样。”⑤爸爸不用在场，仅仅是一个称呼，就足以让孩子感到畏惧。

科迪莉亚成为擅长隐性攻击的霸凌者，与她的成长环境有密切的关系。她的爸爸是专制型家长，所有的一切都围绕着他转。这个五口之家有四个女性，但爸爸在与不在的时候完全是两个样子。他不在的时候，晚饭通常草草了事，几个女人的穿着很不讲究，举

---

① Child Family Community Australia. Children Who Bully at School[EB/OL]. (2014-07-08) [2024-07-10]. https://aifs.gov.au/cfca/publications/children-who-bully-school/parental-influences-bullying-behaviour.

② WOOD P, BROWNHILL S. “Absent Fathers”, and Children’s Social and Emotional Learning: An Exploration of the Perceptions of “Positive Male Role Models” in the Primary School Sector [J]. Gender and Education, 2018, 30(2): 178.

③ CHODOROW N. Feminism and Psychoanalytic Theory[M]. Cambridge: Polity Press, 1989: 50.

④ 阿特伍德. 猫眼［M］. 黄协安，译. 郑州：河南文艺出版社，2022：170.

⑤ 同④.

止懒散；但当他在家的时候，一切都不一样了。“桌子上会摆放鲜花和点燃的蜡烛，妈妈会戴上珍珠项链，餐巾会整整齐齐地套在餐巾环里”①，每个人都穿戴整齐，腰板笔直。爸爸严厉地坐在主位上，目光如狼似虎，将其他人的行为尽收眼底。几个女人会竭力地迎合他。

相比之下，科迪莉亚的妈妈矮小瘦弱，总是心不在焉，女儿们都把她当成“小孩子”，觉得她很脆弱，谈论起她时也小心翼翼，并一致认为有些事不能告诉妈妈。在伊莱恩的印象中，科迪莉亚的妈妈是一个戴着眼镜、表情呆滞的女人。种种迹象表明，科迪莉亚的妈妈或许正在遭受某种精神上的折磨，极可能有抑郁倾向。作为一家之主的丈夫忙于在外打拼，缺席孩子们的成长，这个看起来魅力四射的男人私底下却会在楼上大喊大叫。作为三个女儿的母亲，科迪莉亚的妈妈在日常生活中孤军奋战，难免产生孤独感和不安全感，这种感觉又会不自觉地投射到孩子身上。南希·霍多罗夫认为，家庭结构和处事方式，尤其是父母在养育职责上的不均衡分配，影响着孩子的心理结构及其建构过程。② 换句话说，家庭中不平衡的养育模式会影响孩子的心理发展，进而影响他未来的人格。在三个女儿眼里，患抑郁症的妈妈反应迟钝，无法解决实际问题，情绪不可预测，常令她们感到害怕。最小的女儿科迪莉亚感受或许最为强烈，她更容易因此陷入无助的状态。两个姐姐也不关心她，她们想做什么就做什么，底线是不让妈妈失望。相比之下，科迪莉亚就没那么灵活，她无法像姐姐们一样调整自己的行为去取悦父母，不太能随心所欲，常常让妈妈失望，有时甚至被姐姐们当作替罪羊，会因为一些事情而受到责骂。当她妈妈极度失望时，就会叫来爸爸。

① 阿特伍德. 猫眼［M］. 黄协安，译. 郑州：河南文艺出版社，2022：261-262.

② CHODOROW N. Feminism and Psychoanalytic Theory[M]. Cambridge: Polity Press, 1989: 49.

如果发展到这一步，事情就麻烦了。科迪莉亚极其害怕爸爸，在爸爸面前大气都不敢出。在她的回忆里，爸爸动不动就会发脾气，一发脾气就揍她。[①]年幼的科迪莉亚常通过自虐的方式来应对周围的环境。有一次，她向伊莱恩吐露，她小时候为了不去上学，曾吞下温度计里的水银，还把手伸进喉咙里让自己呕吐。而这些行为背后的真正原因，是她想通过身体上的疼痛来减轻心理上的痛苦，以此作为逃避心理压力的一种手段。

家庭中的紧张关系导致了科迪莉亚的焦虑和不安，她对伊莱恩所做的一切，源自她内心深处对被孤立和抛弃的恐惧。有学者指出，科迪莉亚面对焦虑，采取了自我防御的措施。首先是投射，将自我的消极情绪宣泄到另一个人身上；其次是置换，就是找个替罪羊。[②]科迪莉亚内心深处充满了自卑感，她迫切需要找到一个出口来宣泄这些负面情绪，伊莱恩不幸成了她的宣泄对象。这种自我防御是“否认或扭曲现实的无意识心理操作”[③]。归根结底，科迪莉亚只是一个受到虐待且适应不良的孩子，一直无法在家庭中找到自己的位置，只能“过度使用防御机制，而不是以更现实的方式处理未解决的创伤”[④]。科迪莉亚最后被家人送进了疗养院（精神病院的一种）。她之所以被送去那里，是因为她在成长过程中表现出与“好女孩儿”形象不符的特征，而这些特征源自情感的长期压抑，是自我诉求得不到满足的外在体现。

---

① 从小说的蛛丝马迹来看，不排除科迪莉亚父亲对妻子和孩子进行过人身虐待，而在 20 世纪 70 年代之前，家庭暴力仅仅是家庭问题，而非犯罪行为。

② LLOYD A. A Study of Childhood Trauma and Bullying in Margaret Atwood’s Cat’s Eye[D]. Lund: Lund University, 2012: 15.

③ PASSER M, SMITH R, HOLT N, et al. Psychology: The Science of Mind and Behavior[M]. New York: McGraw-Hill, 2001: 457.

④ 同③ 458.

三、“厌女”环境下的成长之痛：女性共同的生存困境

《猫眼》是一部充满困惑与伤痛的女性成长小说，不仅描写了女孩儿们各自经历的精神挣扎，刻画了极具限制性的“好女孩儿”文化，也在某种程度上展现了她们作为命运共同体的复杂关联。伊莱恩和科迪莉亚面对的困境并非孤立的个体遭遇，而是贯穿所有女性一生的肉体与精神层面的创伤。

小说中，处于青春期的女孩儿对性充满了困惑，对月经来潮、乳房发育等身体变化感到恐惧。几个小女孩儿目睹了科迪莉亚两个姐姐的身体发育，既紧张又害怕，却不敢回家询问妈妈。而母亲们大多选择了沉默。于是，在一片沉默中，女孩儿们只能连蒙带猜，猜孩子是怎么生出来的，猜护垫上的血到底是怎么回事，猜卡罗尔妈妈床头柜抽屉里的橡胶制品是什么……所有的困惑都源于社会对女性性欲的否定和压抑。当这个苗头出现时，人们会感到羞耻，会想方设法地去压制。比如，在谈起老师蓝姆莉小姐的灯笼裤时，伊莱恩就有一种隐隐的羞耻感，“灯笼裤是神圣的、不容亵渎的，但又见不得人”[①]，因为成年女性的内衣是和性有关的。女性对性欲的恐惧，也可以从人们对一个年轻女孩儿在山谷中被谋杀的反应中窥见一斑。这个女孩儿在死前遭到了性骚扰，人们觉得“好像这个女孩儿是因为自己做了什么可耻的事情才遭到了杀害”[②]。虽然女孩儿是受害者，但仿佛有罪的是她，尤其是报刊等公共媒体对她衣着细节的大量描写让人觉得“不公平”[③]。媒体似乎在向世人宣告，是这个女孩儿自身的问题引来了毁灭性的结局。

① 阿特伍德. 猫眼［M］. 黄协安，译. 郑州：河南文艺出版社，2022：82.

② 同① 254.

③ 同① 253.

在女性的成长过程中，生育、避孕和流产是她们始终无法回避的问题。伊莱恩的妈妈和绘画班的同学苏茜都经历过流产。对于伊莱恩妈妈的流产，小说中的描写很隐晦。伊莱恩早上醒来时，发现父母房间的床垫上有一大摊血迹，等她放学回到家，“床已经重新铺好了，看不出发生过什么”[①]。但从医院回到家的妈妈特别虚弱，让伊莱恩感到害怕。关于苏茜的流产，小说中的描述则非常惨烈。因为她是未婚女性，不得不采用激烈的自残手段来应对未婚先孕的后果。在二十世纪五六十年代之前，女性没有避孕的法子，“避孕套倒是可以私下买，但也只卖给男人”[②]。对女性来说，未婚怀孕后最好的结局是结婚。如果不能结婚，她们会想方设法处理掉孩子。[③]有些高中女生偷尝禁果怀孕之后，会因此辍学，甚至发生一些“稀奇古怪、得不到解释的情况”[④]。伊莱恩第一次怀孕时尚未结婚，她本能的反应是恐惧，她想到了各种解决“麻烦”的方法：喝杜松子酒、用钩针或挂衣钩等。怀孕后的伊莱恩异常焦虑，她开始做噩梦，甚至自虐，还开始拼命画画儿，将情感上的焦虑以艺术的形式表现出来。

也正是在经历了很多成长之“痛”后，伊莱恩认识到自己和科迪莉亚共有的生存困境。中年的伊莱恩历经了人生的沉沉浮浮之后，把科迪莉亚视为自己的命运共同体。她们两个人有很多相似之处，都是表演者、模仿者，也都是受害者。伊莱恩终于明白，科迪莉亚对她的伤害来源于科迪莉亚自己对被伤害的惧怕和无助。究其根源，她们生活在一个男女不平等的社会中、一个厌女的社会中。凯特·曼尼在《不只是厌女》中从哲学的角度探讨了“厌女”这一概念的实质。她认为，厌女有一套自成体系的逻辑，通过各种方式

① 阿特伍德．猫眼［M］．黄协安，译．郑州：河南文艺出版社，2022：172.

② 同① 310.

③ 在 1988 年之前，加拿大禁止堕胎，所以小说中苏茜只能自己用挂衣钩来尝试堕胎。

④ 同① 310.

规定女性在社会和家庭中的角色，使她们只能按照规范和社会的期待生活。好女人、好女孩儿和坏女人、坏女孩儿之分，正是厌女文化的一部分。男性往往默认自己有权要求女性提供照顾、安慰、关心，以及性满足、情绪支持和生殖劳动①；那些逾越规矩者，即不守“性别本分”②的女子，就该施以惩罚。因此，各种各样“贬抑女性”的行为事实上是父权社会为维护其体制而进行的一系列“强有力的巧妙操作”，目的是让女性在产生“逾越本分的想法”③时能够安分守己，从而更好地维持父权制社会的秩序。

伊莱恩和科迪莉亚都是有艺术细胞的女子，她们一个喜欢画画儿，一个喜欢演戏，但在二十世纪四五十年代，当女孩子表现出对艺术的兴趣时，大人会觉得她“疯狂、奇怪、古怪、乖僻、脑瓜子太灵光”④，因为这属于越轨的、非正常的女性欲望。阿特伍德曾在《夏娃的诅咒》一文中指出，现实生活中有很多有艺术潜质的女人，她们大多结局不大好，既不健康也不快乐，要么有抑郁症，要么发疯，要么自杀。⑤当伊莱恩第一次告诉父母她想学艺术时，他们感到不可思议，很震惊。在大学期间，伊莱恩那些学艺术的女同学大多不想当艺术家，有些甚至搞不清楚自己想干什么，只想早点儿结婚成家；有些女生开始收集瓷器待嫁，因为这才是“好女孩儿”应该有的样子。据统计，在“二战”后的十年里，北美大约发行了

---

① MANNE K. Down Girl: The Logic of Misogyny [M]. Oxford: Oxford University Press, 2018:xiii.

② 刘满新. 要求女人“守本分”，不是爱，是病[EB/OL].(2018-07-19)[2024-07-10]. https://baijiahao.baidu.com/s?id=1606389058502072476&wfr=spider&for=pc.

③ 同① 69.

④ DAVIDSON J. Where Were You When I Really Needed You [A]//INGERSOLL E, ed. Margaret Atwood: Conversations [C]. London: Virago Press, 1992: 96.

⑤ ATWOOD M. Second Words: Selected Critical Prose[M]. London: Virago Press, 1992: 224.

一千多册婚姻指导类书籍[①]，宣传幸福婚姻的重要性。《猫眼》中提到的《女性居家杂志》和《女主人》深受加拿大女性喜爱，里面刊登的故事多是指导女性扮演完美的家庭主妇角色。在这样的氛围下，具有艺术潜质的女子会感觉得不到理解，久而久之就会产生抑郁情绪。与两个热衷于梳妆打扮、学做好女人的姐姐不同，科迪莉亚非常喜欢表演，她在小学时就表现出对演戏的热情，虽然天赋不高，但却乐此不疲。她有一柜子的“戏服”，经常邀请小女生去她家排戏、演戏；她会抓住各种机会去表演，哪怕只是跑跑龙套；她会模仿戏剧中的女主角，尽管模仿得并不到位……她始终在尝试，却总是不成功。在这个过程中，她的家人不仅没有给予支持，反而处处压制她的兴趣爱好，使她成了“被排斥的那个，没人理睬的那个”[②]。尤其在她长大之后，她的行为举止在很多人眼里是不正常的，最终她被送进了精神病院，其人格遭到了消磨。

相较于科迪莉亚，伊莱恩在职业发展方面算是比较幸运的。她后来成了女性艺术家，但在整个过程中，她遭遇了很多误解。在艺术史上，女性往往是被消声的，她们被认为没有绘画技巧，只是男艺术家的脚注。“女画家只能扮作异类，这样才能得到男画家的欣赏，但无论如何进不了主流。”[③] 伊莱恩的第一任丈夫乔恩是个艺术家，但他打心眼儿里瞧不起妻子的画，认为那种画“可有可无”[④]。伊莱恩办画展时，乔恩很怀疑几个女人能搞出什么名堂[⑤]。即便在伊莱恩成名之后，她终于有资格在多伦多举办画展，但她也知道，“对

---

① ATWOOD M. Second Words: Selected Critical Prose[M]. London: Virago Press, 1992: 70.

② 阿特伍德. 猫眼［M］. 黄协安，译. 郑州：河南文艺出版社，2022：276.

③ 同②358.

④ 同②357.

⑤ 同②361.

于一个女性来说，举办一个画展有多难”①。而且让她感到沮丧的是，只有一家另类画廊接受她的展览，安大略美术馆这样的官方机构不愿意承办，因为“他们偏爱已经过世的外国男人”②。由此可见，作为加拿大的女性艺术家，伊莱恩受到的是双重歧视。

伊莱恩画作的内容大多来源于生活，是对生活痛的领悟，她的画独具特色，在那个时代属于先锋艺术。但这些画不仅被男艺术家看不起，认为不属于主流，还因为“太超前，太突出”③而遭到了其他女人的排斥。比如她画的史密斯太太，在第一次展出时就被一个长相酷似史密斯太太的女人泼了墨水，那人声称这种画是“亵渎神灵”“中伤人”④，而这次泼墨事件却被媒体解读为“母鸡互啄”⑤。这起事件背后蕴含的是充满敌意的厌女文化。厌女现象不仅存在于男性身上，女性也可能是厌女行为的实施者。泼墨女人无意间监督并执行着性别化的规范，在面对伊莱恩这样“不守规矩”的女性时，就会表现出敌意。而媒体用“母鸡”来比喻一位女艺术家，从表面上看是不尊重女性，实则反映了厌女文化中蕴藏的隐性暴力。当女性没有遵守性别本分，或者说没有在“社会剧本里扮演好自己的角色”⑥，闯入了本不该乱闯的某些“阳性属性的领域”⑦，令一部分人

---

① 阿特伍德. 猫眼［M］. 黄协安，译. 郑州：河南文艺出版社，2022：85.

1985 年，纽约现代艺术博物馆举办了一场据称是对当代艺术“最权威”的回顾展，但在参展的 169 位艺术家中，仅有 13 位是女性。这次展览遭到一群职业女艺术家的抗议。参见塔比·杰克逊·吉、弗雷亚·罗斯《女性主义有什么用？》，第 168 页。

② 《猫眼》中文版的翻译是“他们偏爱已经过世的外国人”，小说中的原话是 Their bias is toward dead, foreign men。笔者认为，更精确的翻译应该是“他们偏爱已经过世的外国男人”。

③ 同 ① 358.

④ 同 ① 365.

⑤ 同 ① 367.

⑥ MANNE K. Down Girl: The Logic of Misogyny[M]. Oxford: Oxford University Press, 2018: 172.

⑦ 同 ⑥ 82.

感到不适时，她们就会遭到贬低、侮辱和诋毁，这种打压多发生在“想象层面”而非“实际层面”①，目的是让她们回到本属于她们的“阴性属性的劳动形式”②中去。

《猫眼》出版于1988年，此前的几年里，北美处于女性主义异常活跃的时期，但是当时社会上出现了反女性主义倾向的浪潮，女性主义面临“新右翼”领导下的保守主义的反击。这些新右翼将女性主义者视为“首要的敌人”，声称她们是反家庭的，已经开始“对家庭进行恶魔般的袭击”③。一些所谓的“支持家庭”的活动家反对妇女独立，呼吁恢复妇女的传统角色，让妇女重归家庭，做“家中天使”。《猫眼》可以说是对这种反女性主义倾向的回应。阿特伍德通过刻画鲜有人关注的女孩儿间的攻击行为，揭示了女性从孩童时代起就受到来自家庭、学校和社会的种种规训和惩罚。她们在成长过程中的“疼痛”折射出一个充满厌女情结的社会环境。这种厌女现象是根植于文化内部的父权制权力结构的反映，时至今日依然存在，发人深省。

① MANNE K. Down Girl: The Logic of Misogyny[M]. Oxford: Oxford University Press, 2018: 76.

② 同① 82.

③ FALUDI S. Backlash: The Undeclared War Against American Women[M]. New York: Crown Publishing Group, 1991: 232.

《艾米莉·蒙塔古往事录》中的多重对话性

丁林棚[1]

摘要： 弗朗西斯·布鲁克的《艾米莉·蒙塔古往事录》采用书信体的特殊形式，借角色之间关于女德问题的辩论展现了小说的对话特性。小说主人公集自我与他者于一体，表现出一种矛盾的立场和态度。作者利用各种叙事手段和技巧，通过暗指、用典、引用、互文等形式，与同时代文本展开对话，通过描写关于"风情"的矛盾态度，以性别对话、文化对话等方式揭示小说中所隐含的对话特性和杂声特点。本文借用巴赫金对话理论的关键概念，揭示小说中潜藏的各种杂语交接现象，并借此审视弗朗西斯·布鲁克作为女性、作家、观察者，如何在小说创作中发挥作用。

关键词： 对话；杂声；风情；布鲁克

弗朗西斯·布鲁克（1724—1789）是18世纪英国女作家，生前是伦敦文学社团的活跃分子，常常参加由查尔斯·伯尼、范妮·伯尼、塞缪尔·约翰逊等人组织的文学活动。1763—1768年，布鲁克随丈夫暂住加拿大。其间，她创作了小说《艾米莉·蒙塔古往事录》，并在伦敦出版。这部小说背景设置在魁北克，以书信体形式

① 丁林棚，北京大学外国语学院英语系副教授。

讲述了主人公爱德华和艾米莉的恋爱故事，并穿插了另外两对恋人，即爱德华妹妹露西与约翰·坦穆普、阿拉贝拉与菲茨杰拉德。《艾米莉·蒙塔古往事录》是一部典型的对话小说，男女主人公围绕“女德”，尤其是“风情（coquetry[①]）”问题展开了深入讨论。这场对话不仅是两性之间的交流，更是不同道德和价值体系之间的碰撞，是新世界和旧世界、过去与现在的跨时空对话。小说反映出错综复杂的价值观对立，展现了强烈的女性主义思想，传达出构建新型女性主体的呼声。值得注意的是，尽管《艾米莉·蒙塔古往事录》被誉为北美首部小说，但在学术界却没有受到足够的重视。这部小说“在它的出生地英国被完全忽略了”，在美国被排斥在“文学研究传统”[②]之外。在加拿大，近十年才有学者开始重新发掘这部小说的价值，关注其“民族性话语和民族身份”[③]主题。总的来说，对这部小说的研究可以说是寥寥可数，对布鲁克的写作艺术和叙事特征的研究有待进一步开展。

《艾米莉·蒙塔古往事录》可谓是一部集多种元素和多重声音于一体的小说，包含了个人、性别、政治、社会、道德、法律等主题。本文借用巴赫金对话理论的关键概念，揭示作品中潜藏的各种杂语交接现象，并借此审视弗朗西斯·布鲁克作为女性、作家、观察者，如何在小说创作中发挥作用。

虽然《艾米莉·蒙塔古往事录》中的故事发生在魁北克，但小说本身继承了英国18世纪情感小说和女德劝诫文学的传统，对女性的行为进行约束和规范。在18世纪的英国，女性的身体和道德

① coquetry是指为了吸引异性而炫耀自身，一般用来形容女性，这个词常常用作贬义。中文一般翻译成“风流”“风骚”“卖弄”等，本文统一译为“风情”。

② HOWELLS R. Dialogism in Canada's First Novel: The History of Emily Montague[J]. Canadian Review of Comparative Literature, 1993(20): 428-69.

③ ARCH S C. Frances Brooke's "Circle of Friends": The Limits of Epistolarity in The History of Emily Montague[J]. Early American Literature, 2004, 39(3): 466-491.

成为各种劝诫话语的对象，探讨“风情女”的小说屡见不鲜，例如笛福的《摩尔·弗兰德斯》(1722)，理查逊的《帕米拉》(1740)、《克拉丽莎》(1748)。这些小说的主题是对女性进行道德劝诫，通过描写“风情女”的堕落和忏悔，称颂对爱情忠贞不渝的纯真信念。作为时代的产物，布鲁克的小说无疑反映出当时的性别道德和清教社会对“风情女”的严格审视。然而，细读小说会发现，作品中充满了矛盾的对话，尤其体现在阿拉贝拉和爱德华关于女德的辩论中。读者常能感受到布鲁克对于“风情”模棱两可的态度——她一方面通过男主人公爱德华宣扬18世纪父权社会下主流的道德约束，另一方面却又借助“风情女”阿拉贝拉对这种主流道德说教进行抵制。虽然小说的主角是爱德华，但读者却无法忽略阿拉贝拉发出的具有颠覆性的声音。爱德华的声音之下，总有一股潜流相对而动，冲击着叙事者表层的道德劝诫。这使小说成为巴赫金所说的由“去中央化的潮流和离心力”建构的“语言–意识形态的文本生命形式”[①]。

小说并没有以某一个人的声音和视角统摄所有叙事声音，而是采用书信体形式，将不同人物的信件并置，让每个人都有单独说话的机会，从而使小说包孕了多种不同的矛盾冲突。例如，爱德华自始至终用挑剔的目光审视阿拉贝拉，认为她过于放荡，没有原则地和男人们调情。他告诉露西：“你的朋友又随心所欲了，她的这种风情劲儿让她一错再错。”然而，布鲁克却没有压制阿拉贝拉的声音，而是通过阿拉贝拉的声音表达出一种独特的女性道德观。阿拉贝拉认为，风情无可厚非，反而是女人独有的魅力，她同时和20个男子调情，并宣称自己爱上了法国的风情礼仪。这种关于女德的辩论无疑给小说增添了极大的冲突性，凸显了文本中多层次的对话和辩论。

① BAKHTIN M. The Dialogic Imagination: Four Essays[M]. EMERSON C, HOLQUIST M, trans. Austin, TX: University of Texas Press, 1981.

事实上，小说构建了包含 11 个角色在内的复杂通信网络，形成了一个多重声音交织的宏大对话局面。小说中的人物不仅两两“对话”，还常常出现多人同时或先后“对话”的情况，每个人都有机会陈述自己的观点。布鲁克将不同信件并列呈现，完整地展现了多样化的意见，使小说变成了多意识中心的对话场域。小说中多方对话的叙事局面形成了“杂声交织”，最突出的表现就是信件的相互传阅和讨论。例如，艾米莉、阿拉贝拉和露西常常互阅彼此的信件（如 105 号、141 号、144 号、155 号等），爱德华也常常把她们三位的信件分享给彼此（如 102 号、109 号），而且每个人都知道第三方看到了自己和他人的通信。在露西写给阿拉贝拉的 141 号信中，她多次鼓励阿拉贝拉把自己的信读给艾米莉听。

布鲁克呈现杂声交织的一个巧妙的方式就是利用“信中信”的形式，展示多人、多视角的对话特征。例如，在 111 号信件中，阿拉贝拉附上了爱德华的信件，并告诉艾米莉：“这封信是写给我的，但也完全可以看作是给你的，或许更应该让你来看。”在 65 号信中，布鲁克甚至安排阿拉贝拉把艾米莉的信原封不动地誊写了一遍。这种“信中信”的手法显然是对巴赫金“转述语”的创造性运用。根据维罗什罗夫的观点，转述语就是“语中语、言中言，同时也是语上语、言上言”[①]。转述语表达了信息传递的动态关系，是复调小说中多种意识和视角的直接表现。“信中信”不仅把过去和现在的言说行为置于同一个文本空间内，保留了话语的原貌，还累加了他人的评论、转述，这充分显示了巴赫金所谓的“杂语特性”。巴赫金指出：“杂声一旦被融入小说之中……就表现为用另一个人的语言说另一个人的话……两个人同时表达两个不同的目的。”同一信件用不同的视角和意识中心交替陈述，这样就避免了作者树立的单一话

① VOLOSHINOV V. Marxism and the Philosophy of Language[M]. Cambridge, MA: Harvard University Press, 1973.

语权威，“杂声表达了作者的意图，但却将它扭曲”。

巴赫金在《陀思妥耶夫斯基诗学问题》中指出，小说中的人物形象往往渗透着深刻的双重性。双声语是语言的一种内在对话形式，其内部包含两个潜在的声音、两种不同的世界观、两种不同的语言。双声语意味着“一个话语有两种声音……这个话语是说话人说出来的，同时还包含别人的话语和声音，所以双声语指明了言语主体的重要性，强调了互主体性”①。在《艾米莉·蒙塔古往事录》中，爱德华就是一个典型的双声角色，他的话语中总是表现出两种不同的人格。他不仅扮演了具有双重性格的角色，而且扮演了具有双重性别的矛盾角色。巴赫金指出，自我本质上是对话性的，自我“只能在自我和他者对话的交换中得以实现”②。布鲁克似乎故意模糊了爱德华的性别和性格特征，她一方面把爱德华塑造成一个潇洒英俊、富有责任心的男子，另一方面又赋予他温柔体贴、处处为人着想的特质，使他具有明显的“女性化情感”③。例如，他总是喜欢向女性倾诉自己的情感，讨厌和同性谈论爱情④。他有时甚至表现出精神分裂的症状。读者在爱德华的独白中常常能够听到两种相互矛盾的表述，它们来自两个性别和两个意识中心，是两个具有不同立场和性格的个体的对话，也就是巴赫金所说的双声语现象。此时的爱德华实际上成为一个性别模糊的角色，成为社会上不同话语的传声筒，体现了话语主体和他者的交互影响。更准确地说，爱德华是作者布鲁克的传声筒，他的信件其实就是作为女性的布鲁克和爱德

① 凌建侯. 文学话语的对话性分析［J］. 社会科学家，2012（7）：9-12.

② SCHUSTER C I. Mikhail Bakhtin: philosopher of language[G]//ENOS T, ed. Encyclopedia of Rhetoric and Composition: Communication from Ancient Times to the Information Age[Z]. New York: Routledge, 1996: 164-198.

③ SELLWOOD J. “A little acid is absolutely necessary”: Narrative as coquette in Frances Brooke’s The History of Emily Montague[J]. Canadian Literature, 1993 (136): 60-81.

④ BROOKE F. The History of Emily Montague[M]. Ottawa: Carleton University Press, 1985.

华这一父权社会代表之间的双声对话。爱德华成为布鲁克的女性化身，具备了明显的女性化特征，极度标榜自己丰富的内心世界，向约翰吹嘘“我的缺点就是多愁善感”，并宣称“我的情意绸缪是众人钦羡的”。同时，他又告诉约翰：“我可以用充分的理由解释我为什么那么麻木无情，但你是一个爱情的叛徒，你没有资格分享他的秘密。”

特别值得注意的是，此处爱德华用第三人称“他”来指代自己，这更体现出一种深刻的自我与他者之间的对话。在日常对话中，一般同时出现在同一对话环境中的是“你”和“我”，然而爱德华却突然跳出对话，仿佛对话中陡然出现了第三方。这个“他”既是“我”，又非“我”，是爱德华的双重意识。此外，布鲁克在小说中还经常用第三人称来指代第二人称，将自我他者化。这种手法在艾米莉等人的信件中有所体现。人称的变化往往在小说角色面临两难选择、处于自责状态或争辩场合的情况下发生。例如，艾米莉在信中以第三人称自称。“他（爱德华）的艾米莉应该妨碍他的光明前途吗？难道她不应该鼓励他继续追求崇高的事业吗？难道她忍心让他在荒芜、野蛮的加拿大埋没自己耀眼的才华吗？”

根据巴赫金的对话理论，双声语常常将两种意识、两个视角的内在对话凝聚在一个话语形态中。双声语常常出现在有强烈冲突的地方。例如，爱德华作为一个男性，常常把男人称为“他们”。他在 116 号信件中写道：“男人生来就是暴君……不要问他们的权力是否正当，你只需要知道，这是规矩。他们是主人，我们只能容忍这一切，大度地服从即可。”信中的第一人称和第三人称紧密相邻，显然暴露出爱德华自我与他者的对立性。爱德华分裂的自白中，透露出文本外层的作者意图。小说中爱德华的独白常有一些斜体字，这是布鲁克参与文本对话的一种微妙方式，是双声词的衍变形式。这种形式分别被男主角和作者加以利用——爱德华用此来突出自己的优点，而作者却借此形式传达出一种讽刺，让读者察觉到其背后的意图。在很大程度上，爱德华不是“作者意识的单纯客体”，也不是布鲁克的被讲述者，而是与她进行平等对话的主体。在这种具有巴赫金特点的对话中，作者通过主角的陈述来表达自己微妙的意图，赋予这个原本显示他者之意的话语新的意义，同时在原来的话语之上覆盖了另一层对话。这样，布鲁克成功地避免让爱德华成为小说中唯一的道德裁判，保持了辩论的开放性，使小说中的对话得以持续展开，使每个不同的声音都能够通过信件得以传达，并让读者透过重重话语获得自己的认识。

《艾米莉·蒙塔古往事录》的对话性也体现在文学创作的手段和过程中。小说还包含了和其他文学文本的对话，并通过用典、引用、模仿等手段表现出和历史文本的对话性。巴赫金指出：“文本只有和另一个（具有语境的）文本接触才能具有生命。只有在文本的接触点上，才会产生火花，照亮前者和后者，并把一个特定的文本放到对话之中去。”[①] 巴赫金的“文本接触”和“对话”后来被克里斯蒂瓦进一步发展为“互文”，二者都强调，文本的“接触就是文本之间的对话性接触”。布鲁克的小说运用大量暗指、影射、借用的手法，展开平行对话，使小说成为跨越过去与未来的交互文本。例如，阿拉贝拉·费摩尔的名字来源于亚历山大·蒲伯的讽刺诗《夺发记》。在蒲伯的诗中，费摩尔的女儿叫阿拉贝拉，比特雷斯则有一个儿子，人称彼得王。彼得王跟阿拉贝拉开了个玩笑，剪下了她的一绺秀发，但阿拉贝拉大发雷霆，兴师问罪，导致两家失和。布鲁克笔下的阿拉贝拉和蒲伯《夺发记》中矜持的阿拉贝拉完全不同，她大胆泼辣，特立独行，自主开明，对女德有自己独到的看法，完全是一个具有反叛精神的角色。这种形象塑造显然和 18 世纪其他女德小说形成了对立性对话。

① BAKHTIN M. Speech Genres and Other Late Essays[M]. EMERSON C, HOLQUIST M, eds. MCGEE V W, trans. Austin, TX: University of Texas Press, 1986.

更重要的是，《艾米莉·蒙塔古往事录》与同时代的男性作家就“风情”问题展开了对话。理查逊的《帕米拉》、笛福的《摩尔·弗兰德斯》等小说都揭示了父权制对女性的压制。在理查逊、笛福等人的小说中，虽然也能看到女性对既定社会秩序的反抗，然而这些小说似乎都没有脱离美德劝诫的意图。帕米拉是男性眼中理想化的女性角色，而弗兰德斯则是个魔鬼般的男性化的女人。一个以谦卑和守节为准则，另一个则离经叛道，无所不为。二人虽判若云泥，但两部小说的说教意图却昭然若揭。布鲁克的小说大胆地挣脱了这种道德藩篱，通过阿拉贝拉这一放荡不羁的角色传达出一种不同的道德声音，使小说成为北美最早的女性主义文本。例如，阿拉贝拉总是以“风情”为荣，世俗的道德标准并不能让她放弃自己的选择。她告诉露西：“我一定要教他（阿拉贝拉未来的丈夫）学会风情。”与同时代男性作家笔下因“风情”而遭受惩罚的女性角色不同，布鲁克没有给阿拉贝拉安排类似的命运，而是让她获得了圆满的结局。因此，《艾米莉·蒙塔古往事录》是与同时代男性作家就“女德”和“风情”进行的一场大对话，在道德说教上有意创造出一种模糊性。笛福的小说通过弗兰德斯这一反面教材敦促女性忏悔行善，理查逊则以帕米拉为楷模，不遗余力地宣扬虔诚、谦卑等女德价值观。这些小说殊途同归，都强调施加在女性身上的伦理教化，女主角并没有脱离男性教化者所建立的霸权话语体系。《艾米莉·蒙塔古往事录》则展现了文本内部的对话性和社会层面的对话性，这种双重对话性以一种更客观、自然的方式呈现了不同的声音，体现了巴赫金所说的“众声喧哗”。例如，在故事结尾，阿拉贝拉并没有显示出被“改造”后回归传统的迹象。她坚称：“对我来说，一个谨小慎微、从不犯错的人基本上就是没有任何德行的人。”她旗帜鲜明地表示：“单身女人的风情和她的荣誉一样都是一种视角，而已婚女人则没有任何视角可言。”她蔑视爱德华对她的风情行为的指责，甚至表示这是她“首创的伦理体系”。布鲁克通过阿拉贝拉和艾米莉、爱德华等人的对话，描写了18世纪末男性主导的社会话语体系中崭露头角的社会语言的多样化和多元化，展示了杂语的社会历史性和不同的价值体系。

总之，《艾米莉·蒙塔古往事录》是一部多重对话的小说，涉及女性与男性、过去与现在、自我与他者等多种元素的交接与碰撞，构成了一部典型的多声部、多视角叙事的作品。爱德华对“风情女”的反感无疑代表了当时英国社会的主流价值观。但是，布鲁克并没有直接对爱德华的偏见进行评论，反而安排了不同的角色赞美他的“美德”，甚至包括爱德华的孤芳自赏。这部分内容的篇幅之多，几乎达到了冗余的程度，而这正是作者在文本结构上的精心安排。在阅读爱德华信件的过程中，读者不得不反复接受不同角色对爱德华千篇一律的溢美之词。这种重复逐渐引发读者心理上的对抗和逆反，从而巧妙地实现了反讽效果，凸显出爱德华对魁北克道德风貌的偏见和曲解。

对安大略省原住民教育政策的批判性话语分析

樊鑫茹[①]

摘要：政策对于关注不平等问题的人来说至关重要，因为它直接关系到“谁受益、以何种方式受益，以及在此过程中谁付出代价”的问题。加拿大安大略省于2007年正式颁布了《安大略省第一民族、梅蒂斯人和因纽特人教育政策框架》，旨在提升原住民学生的教育成效，促进对原住民历史、文化的尊重与包容。然而，特里·沃瑟斯庞认为，加拿大的政策实践和公众舆论中存在着一种“民主殖民主义”，这引发了加拿大学术界对该教育政策的广泛讨论。本文运用批判性话语分析，在分析语言特征的基础上，进一步探讨加拿大原住民在教育方面所面临的独特挑战。

关键词：批判性话语分析；原住民教育政策；安大略省

一、背景介绍

2021年，在加拿大废弃学校遗址发现数百具儿童遗骸的事件，

① 樊鑫茹，北京外国语大学英语学院硕士。

重新引发了人们对加拿大黑暗历史的讨论①。这些儿童是加拿大印第安寄宿学校制度的受害者，该制度试图通过同化教育政策，使原住民儿童融入主流社会②。加拿大真相与和解委员会于2006年成立，旨在解决寄宿学校制度对原住民儿童造成的伤害。为响应真相与和解委员会的呼吁，加拿大各省实施了一系列政策和法规，以改善原住民教育状况。2007年，安大略省正式发布了《安大略省第一民族、梅蒂斯人和因纽特人教育政策框架》，旨在解决原住民教育面临的问题。

然而，特里·沃瑟斯庞认为，加拿大的政府政策、实践和公众舆论中存在着一种“民主殖民主义”③。“民主殖民主义”是指加拿大政府虽然保护原住民的权利，但与此同时，主流社会的规范和实践中仍然存在边缘化原住民的机制。面向原住民的教育政策可能会掩盖并复制不平等的权力关系。政策对于关注不平等问题的人来说至关重要，因为它直接关系到“谁受益、以何种方式受益，以及在此过程中谁付出代价”④的问题。话语是一种实践，不仅反映世界，而且象征世界，构成并建构世界的意义⑤。批判性话语分析主要研究话语（包括言语和文本）中的权力关系和主导地位。本文将安大略省于2007年发布的原住民教育政策框架文本作为研究对象，运用诺

① LINDEMAN T. Canada: remains of 215 children found at Indigenous residential school site [EB/OL]. (2020-05-28) [2024-06-03]. https://www.theguardian.com/world/2021/may/28/canada-remains-indigenous-children-mass-graves.

② MILLOY J. “A National Crime”: The Canadian government and the residential school system, 1879 to 1986[M]. Winnipeg: University of Manitoba Press, 1999.

③ WOTHERSPOON T. Seeking Reform of Indigenous Education in Canada: Democratic Progress or Democratic Colonialism?[J]. Alteralite: An International Journal of Indigenous Peoples, 2014, 10(4): 323-339.

④ BELL L, STEVENSON H. Education Policy: Process, Themes and Impact[M]. London: Routledge, 2006:9.

⑤ FAIRCLOUGH N. Discourse and social change[M]. Cambridge: Polity Press, 1992: 64.

曼·费尔克拉夫的文本、话语实践和社会实践三维分析框架，不仅关注表层的语言特征，更深入探讨加拿大原住民教育所面临的独特挑战。

二、文献综述

原住民教育议题在世界范围内广受关注①。相关研究重点关注原住民教育政策的四个关键领域：教师教育、资金、学校教育和社区参与。现有文献表明，全球尤其是加拿大缺少了解原住民的教师②。为解决该问题，原住民社区和组织提出了一个解决方案，即培养更多的原住民教师③。此外，现有研究普遍关注原住民教育的资金短缺问题，认为增加资金投入可以提高原住民教育质量④。学校作为教育机构，在保护原住民语言和文化方面发挥着重要作用。学者们还强调，加强社区在教育体系中的参与度和互动性，有助于构建更加开放、和谐、包容的教育体系⑤。

---

① OECD. Promising practices in supporting success for Indigenous students[EB/OL]. (2017-08-01) [2024-06-03]. https://www.oecd.org/en/publications/promising-practices-in-supporting-success-for-indigenous-students_9789264279421-en.html.

② PHILLIPS S. Forging partnerships, opening doors: Community school case studies from Manitoba and Saskatchewan[M]. Kelowna: Society for the Advancement of Excellence in Education, 2008.

③ Truth and Reconciliation Commission of Canada. Truth and Reconciliation Commission of Canada: Calls to Action[R/OL]. (2015-08-04) [2024-06-03]. https://www2.gov.bc.ca/assets/gov/british-columbians-our-governments/indigenous-people/aboriginal-peoples-documents/calls_to_action_english2.pdf.

④ PAQUETTE J, FALLON G. First Nations education policy in Canada: Progress or gridlock?[M]. Toronto: University of Toronto Press, 2010.

⑤ CHABOT L. Engaging First Nations parents in education: An examination of best practices[R]. Toronto: Chiefs of Ontario, 2005.

与西方国家相比，中国对加拿大原住民教育政策的研究起步较晚，主要集中在加拿大多元文化教育研究、不同教育阶段针对原住民的教育政策研究、原住民教育政策与中国少数民族教育政策比较研究等方面。作为最早实行多元文化政策的国家，加拿大在保持族群文化多样性的同时实现教育公平的经验，成为中国学者关注的焦点。黄红霞、王建良从国家与全球两个层面阐释了多元文化教育的本质，并指出中国的民族教育也应拥抱多元文化。①

加拿大原住民教育政策在不同教育阶段呈现出鲜明的特点。时晨晨、眭冉认为，加拿大的早期教育与托儿体系对中国构建高质量的早期教育与托儿体系具有重要借鉴意义。②李欣指出，加拿大原住民高等教育整体质量低下，是长期受政治歧视和同化教育政策影响的结果。③

也有不少学者对中国的民族教育政策与加拿大的原住民教育政策进行了比较研究。王昺从原住民的传统价值观出发，对加拿大近30年来原住民教育政策与中国的蒙古族教育政策进行了比较。④滕志妍和李东材对加拿大原住民教育政策进行了纵向比较研究，发现政策重点从赋予原住民教育管理权转向了培养原住民的教育管理能力。⑤许建美和王天宇从历史制度主义视角出发，将加拿大原住民

① 黄红霞，王建梁. 多元文化教育：加拿大的经验及启示［J］. 民族教育研究，2004（5）：81-84.

② 时晨晨，眭冉. 加拿大早期学习与儿童保育新国家战略的动因、内容与特征——基于《加拿大国家早期学习与儿童保育协议（2021—2026）》的分析［J］. 郑州师范教育，2023，12（3）：32-38.

③ 李欣. 加拿大土著民族的高等教育：政策解读及其战略意义［J］. 教育与考试，2012（3）：73-77.

④ 王昺. 民族教育政策比较——以加拿大印第安民族和中国蒙古族为例［J］. 民族教育研究，2009（6）：59-64.

⑤ 滕志妍，李东材. 从赋权自治到能力建构：加拿大原住民教育政策的新路向［J］. 外国教育研究，2011（4）：37-41.

教育政策置于具体的历史语境中，探讨加拿大原住民教育政策背后的逻辑与发展路径，并指出其未来的走向，强调非殖民化教育将推动加拿大的民族和解。①

综上所述，中国对加拿大原住民教育政策的研究多采用主流研究范式。然而，批判性话语分析从批判的维度解读教育政策，对于反思现实、促进社会公平有着重要意义。此外，以往的研究多从宏观视角探讨加拿大原住民的教育问题，对政策文本的关注较少。因此，本文运用批判性话语分析的方法，对安大略省发布的共计 41 页的原住民教育政策文本进行批判性分析，以揭示加拿大原住民教育政策话语中蕴含的复杂权力动态。

三、方法论：批判性话语分析

批评性话语分析是 20 世纪 70 年代末 80 年代初发展起来的一种理论框架和研究方法，旨在通过分析话语的语言特征及其产生的社会历史语境，考察语言结构背后的权力与意识形态关系。批评性话语分析研究范围广泛，形式多样，其中最具影响力的当数英国社会语言学家诺曼·费尔克拉夫创立的以文本为中心的批评性话语分析体系。费尔克拉夫的批评性话语分析从微观到宏观，涵盖了文本、话语实践和社会实践三个研究维度。文本是话语实践的产物，话语实践是生产、传播和消费文本的过程，话语实践由社会实践决定。相应地，这三个维度对应着描述（description）、解读（interpretation）和阐释（explanation）三个步骤。

运用该框架分析安大略省原住民教育政策文本涉及三个步骤。

① 许建美，王天宇. 加拿大原住民教育政策的历史脉络、制度逻辑与发展路径——基于历史制度主义视角的考察［J］. 杭州师范大学学报（社会科学版），2023（5）：77-87.

第一步，描述政策文本使用的语言和所用语言的结构特征，识别其体裁（genre）、话语（discourse）和风格（style），并研究这些要素在同一文本中是如何组合在一起的[①]。第二步，解读政策文本的生产与消费过程，关注政策文本是如何产生的，以及不同话语主体如何根据自身语境来回应政策文本。第三步，阐释政策文本的话语实践与社会实践之间的关系。话语实践既受社会实践的影响，又有助于社会实践，这表明话语实践既具有建构性，也是被建构的[②]。

四、结果与讨论

（一）文本分析

在诺曼·费尔克拉夫的三维分析框架中，第一个维度是分析文本的语言特征，包括体裁、话语和风格[③]。体裁指说话人与他人互动的模式，凸显文本的动作功能；话语从特定视角描述和解读事件，对应文本的表征功能；风格反映说话人对内容和观点的立场，体现文本的身份功能。具体而言，名物化（nominalization）结构和被动语态（passive voice）可以揭示文本的体裁和话语，表达权利和义务关系的情态动词（modal verb）可以体现文本的风格[④]。

1. 名物化结构增强文本的权威性

名物化结构是指句子中起名词或名词短语作用的结构，包

① 王熙. 批判性话语分析对教育研究的意义［J］. 教育研究，2010（2）：41-46.

② WODAK R, MEYER M. Methods for Critical Discourse Analysis[M]. London: SAGE Publications, 2001.

③ FAIRCLOUGH N. Analysing Discourse: Textual Analysis for Social Research[M]. London: Routledge, 2003.

④ 张奂奂，高益民. 批判话语分析在大学章程文本中的应用研究——以新加坡国立大学章程为例［J］. 中国高教研究，2015（11）：49-54.

括由动词和形容词转化而来的名词或名词短语，以及限定或非限定从句[①]。解决原住民教育面临的历史性与持续性挑战，官方必须秉持明确且严肃的态度，这要求加强教育政策框架中文本的权威性。

> Although census data is available on the educational attainment of Aboriginal peoples in Ontario (see Appendix C), a particular challenge for the Ministry of Education is the inability to identify First Nation, Métis, and Inuit students who live within the jurisdictions of Ontario school boards.[②]

以上内容使用了大量名物化结构（如：educational attainment、challenge、inability、within the jurisdictions of），指出了省教育部在政策实施过程中面临的挑战。其中，“challenge（挑战）”和“inability（无力）”两个名词隐匿了最重要的行为主体“the Ministry of Education（省教育部）”使句子只对挑战本身进行了客观的陈述。较高的名物化程度使句子具有较高的抽象性，语义关系更加程序化，增强了文本的逻辑性，凸显了官方对待原住民教育问题的严谨态度。

2. 被动语态隐藏权力主体

文本中的从句结构可以揭示特定的社会身份、关系和意识形态。被动语态可以省略行为人，从而模糊因果关系[③]。考虑到该教

① HALLIDAY M A K. An Introduction to Functional Grammar[M]. 2nd ed. London: Routledge, 1994.

② Ontario Ministry of Education. Ontario First Nation, Métis and Inuit Education Policy Framework[R/OL]. (2021-10-29) [2024-06-03]. https://files.ontario.ca/edu-ontario-first-nation-metis-inuit-education-policy-framework-2007-en-2021-10-29.pdf.

③ FAIRCLOUGH N. Discourse and social change [M]. Cambridge: Polity Press, 1992.

育政策框架发布的背景，这种隐藏权力主体的策略显得尤为重要。2007 年，教育政策框架的颁布标志着安大略省在解决原住民教育面临的历史问题上迈出了开创性的一步，其目的是通过教育促进民族和解，促进社会公平，但该教育政策框架的实施效果也存在相当大的不确定性。在评估该框架的具体落地效果时，相关句子使用了被动语态，例如，“Specific quantitative and qualitative performance measures are provided.”①。在讨论如何衡量该框架的实施成效时，相关句子也用了被动语态，例如，“These ten performance measures will be used to gauge the success of the implementation of the framework.”②。这些语句都使用了被动语态，模糊了该框架实施过程中的责任主体，只是对行动本身进行客观的描述。通过使用被动语态，该教育政策框架避免将直接责任归咎于具体的行为者，从而降低了潜在的政治和行政风险。

3. 情态动词体现乐观的态度与灵活性

文本中不同的情态表达了不同的态度、立场和倾向。情态的一个关键标志是情态动词。根据韩礼德的系统功能语言学，英语情态动词可按程度分为高情态（如 must）、中情态（如 will）和低情态（如 may）三类。在该教育政策框架中，“must（必须）”只出现了 1 次，“will（希望）”出现了 36 次。“must（必须）”主要表示强制命令，出现在政府政策报告中是合适的，因为它有助于明确部门职责，促进政策目标的实现。该框架中唯一一处使用“must（必须）”的句子如下：

The ministry recognizes that, to achieve these goals, effective

① Ontario Ministry of Education. Ontario First Nation, Métis and Inuit Education Policy Framework[R/OL]. (2021-10-29) [2024-06-03]. https://files.ontario.ca/edu-ontario-first-nation-metis-inuit-education-policy-framework-2007-en-2021-10-29.pdf.

② 同①.

strategies must be developed to meet the particular educational needs of First Nation, Métis, and Inuit students.①

在这里，“strategies（战略）”作为一个抽象的主语，未能明确界定学校董事会和学校等相关主体的具体职责。相反，在该框架中，“will（希望）”使用的频率较高，主要搭配“the Ministry of Education（省教育部）”“school boards（学校董事会）”和“schools（学校）”等主体，表明各级的职责划分已初步明确，但在实施过程中仍然有灵活变通的空间，从而降低了政策执行的风险。此外，“will（希望）”一词还表达了构建一个更加公平、多元和包容的教育体系的美好愿景。考虑到这是安大略省在解决原住民教育问题上迈出的重要一步，政策制定者展现灵活性和乐观态度至关重要。“will（希望）”一词的使用，为政策实施提供了适应性空间，既承认了教育改革的复杂性和动态发展性，又能够灵活地满足第一民族、梅蒂斯人和因纽特人多样化的需求。此外，这种积极乐观的表述展现了该框架对未来的美好期许，有效增强了人们对政策变革将取得实质性进展的信心。

（二）话语实践

话语实践主要关注政策的生产及消费过程。它探讨了政策文本是如何产生的，以及在向下层传导的过程中，各机构中的不同话语主体如何回应、解释并内化这一政策框架。

1. 安大略省原住民教育政策框架的话语生产

教育政策具有特定的主题或内容，并非自发产生，而是通过

① Ontario Ministry of Education. Ontario First Nation, Métis and Inuit Education Policy Framework[R/OL]. (2021-10-29) [2024-06-03]. https://files.ontario.ca/edu-ontario-first-nation-metis-inuit-education-policy-framework-2007-en-2021-10-29.pdf.

吸收和转化其他文本中的类似元素形成的，这一过程被称为“互文性（intertextuality）”[①]。这一概念由法国批评家朱莉娅·克里斯蒂娃（Julia Kristeva）于20世纪60年代提出，她认为每个文本都是对其他文本的吸收和转化。

首先，安大略省原住民教育政策框架的形成明显受到了政治话语的影响。例如，该框架的介绍部分明确指出，该框架的发布基于安大略省2005年的报告《安大略省处理原住民事务的新方法》[②]。在这份奠基性文件中，省政府将原住民教育列为其新举措之一，并做出提高原住民儿童和青少年教育成效的承诺[③]。随后，2007年颁布的框架将提高原住民学生成绩作为首要任务，省政府据此制定了一系列具体的策略。在此过程中，安大略省的政治话语为其教育政策话语提供了基本方向。

其次，政策文本的制定也应考虑政策目标群体的观点和意见。面向原住民群体的政策应当考虑原住民群体对政策实施的看法。在该框架中，关于原住民群体代表的内容非常有限，仅在引言中以“aboriginal leader（原住民领导者）”的形式出现了两次：

> Ontario and Aboriginal leaders recognize the importance of education in improving lifelong opportunities for First Nation, Métis, and Inuit children and youth. *Ontario's New Approach to Aboriginal Affairs* commits the government to working with

① KRISTEVA J. Bakthine, le mot, le dialogue et le roman[J]. Critique, 1967(23): 239.

② Ontario Ministry of Education. Ontario's New Approach to Aboriginal Affairs[R/OL]. (2005-11-13) [2024-06-03]. http://docs.files.ontario.ca/documents/222/6-maa-new-approach-to-aboriginal-affairs.pdf.

③ Ontario Ministry of Education. Ontario First Nation, Métis and Inuit Education Policy Framework[R/OL]. (2021-10-29) [2024-06-03]. https://files.ontario.ca/edu-ontario-first-nation-metis-inuit-education-policy-framework-2007-en-2021-10-29.pdf.

> Aboriginal leaders and organizations to improve education outcomes among Aboriginal students.①

尽管框架中提到了“aboriginal leader（原住民领导者）”，但并未详细说明他们是如何参与政策制定过程的。此外，将“aboriginal leader（原住民领导者）”置于引言部分，似乎试图说服公众该框架并非完全基于官方主流意识，而是得到了“aboriginal leader（原住民领导者）”的认可。然而，该框架并未详细阐述原住民利益相关者在政策制定过程中具体发挥了什么作用。这种做法只是将“aboriginal leader（原住民领导者）”作为象征性的护盾，实际上还是优先考虑官方利益，而非从原住民群体的实际诉求出发。

2. 安大略省原住民教育政策的话语消费

在加拿大联邦政府体制下，教育类事务由省和地区负责（第一民族的教育由联邦政府监管）。尽管 10 个省和 3 个地区的教育政策与实践呈现出趋同性，但在某些方面仍然存在显著差异②。各个话语主体依据具体情况对政府层面的政策话语进行解读和回应，这一过程就是话语消费。

自 2007 年该框架发布以来，安大略省各地的教育局和学校积极响应，出台了一系列政策，旨在提升原住民学生的教育成效，增进他们对原住民文化与历史的理解。同时，政府鼓励各方依据各地实际情况采取有效措施，以实现框架制定的总体目标③。

例如，安大略省南部人口稠密，有多伦多、渥太华和汉密尔

① Ontario Ministry of Education. Ontario First Nation, Métis and Inuit Education Policy Framework[R/OL]. (2021-10-29) [2024-06-03]. https://files.ontario.ca/edu-ontario-first-nation-metis-inuit-education-policy-framework-2007-en-2021-10-29.pdf.

② WALLNER J. Learning to school: Federalism and public schooling in Canada[M]. Toronto: University of Toronto Press, 2014.

③ 同①.

顿等较大的城市，这种人口和资源优势为全省的项目规划与实施提供了支持。以多伦多的原住民教育中心为例，该中心致力于为原住民学生提供量身定制的指导和教育支持，帮助他们在学术和个人发展方面取得成功。同时，该中心还积极推动将原住民的历史、文化融入各年级课程，确保所有学生都能接触并理解原住民丰富的文化遗产。

相比之下，安大略省北部人口密度较低，存在许多小社区，包括许多偏远的第一民族保留地。在这些地区，与原住民教育相关的合作项目通常直接与附近的第一民族社区合作。例如，在校内长者计划中，原住民长者会被学校邀请，为不同背景的学生提供指导，促进原住民与非原住民之间的相互理解与包容。

这些实例展示了各地教育局在满足原住民学生的教育需求方面所做的努力，同时也促进了更广泛的文化认知和包容。

（三）社会实践：话语秩序的角逐

梵·迪克指出，社会主导地位往往通过对话语的控制来实现，往往以牺牲更广泛的社会需求为代价。① 这在安大略省原住民教育课程改革中有所体现。2016 年，凯瑟琳·温恩政府承诺，将原住民视角和寄宿学校历史纳入全省课程，这一举措被视为迈向民族和解的重要一步。然而，当道格·福特上台后，这一举措被突然叫停。原定的课程讨论会议在即将召开之际被紧急取消，新政府否认直接参与了这一决策。此举引发了公众的强烈不满。安大略省中学教师联合会主席哈维·比肖夫在电话采访中批评了这一决定，称其传递

① VAN DIJK T A. Principles of critical discourse analysis[J]. Discourse and Society, 1993, 43(2): 249-283.

了“糟糕的信号”①，指出政府对促进民族和解缺乏责任感。

该实例凸显了政策话语与公共话语之间的不对等性，教育政策的制定者往往在议题选择和议程设定中占据主导地位，而公众则处于较被动的地位。当新政府颁布的政策与之前的承诺背道而驰时，公众和非政府组织往往需要付出适应政策转向的代价。

五、结语

本文通过批判性话语分析，揭示了安大略省原住民教育政策框架中权力动态的复杂性。研究发现，现有的政策语言在表面上展现出进步的意图，但在实际解决原住民教育面临的根本性问题方面却收效甚微。

文本分析表明，政策文件中频繁使用名物化结构和被动语态，以增强权威性，并掩盖权力主体。这些语言策略营造了客观性和精确性的假象，同时也削弱了特定利益相关者的责任。情态动词的广泛使用展现了政策的灵活性和包容性，为政策实施过程中可能出现的风险提供了适应性空间。

话语实践分析揭示了该框架的互文性特征。该框架借鉴了政治话语，仅在一定程度上吸纳了原住民的观点。这种选择性的吸纳方式将原住民领导者定位为支持者的角色，而非政策的制定者，从而引发了原住民对政策制定过程透明度的质疑。在政策的具体实施过程中，安大略省不同地区的政策实施方式存在差异，这反映了地方资源分配不均衡的问题。

① JOHNSON R. Indigenous educators puzzled, disappointed after Ontario cancels TRC curriculum writing sessions[EB/OL]. (2018-07-09) [2024-06-03]. https://www.cbc.ca/news/indigenous/ontario-indigenous-curriculum-writing-cancellation-1.4739691.

社会实践分析指出，教育政策制定者往往在议题选择和议程设定中占据主导地位，随着政府的更迭，政策可能突然逆转。这反映了原住民教育改革所面临的挑战，以及政策话语与政策实践之间存在着难以逾越的鸿沟。

尽管加拿大安大略省的原住民教育政策框架在解决原住民教育问题上迈出了重要一步，但在有效破解根深蒂固的权力结构、实现真正的民族和解方面仍存在不足。批判性话语分析表明，对教育政策进行持续、批判性的审查至关重要，政府要多倾听原住民的声音，确保政策的公正透明，从而构建一个更加公平、包容、多元的社会。

中国古典文化要旨与翻译中国之愿景

武波①

摘要： 本文旨在回答两个核心问题：第一，什么是中国古典文化？第二，翻译中国的目标是什么？前者关乎文化自觉。没有文化自觉就没有高质量的汉外翻译。后者是对"中国梦"国际意义的深层探讨。本文指出，中国古典文化是礼乐文化，其核心是道统、和合与礼教。新时代，汉外翻译与传播中国文化的必由之路是"移文译化大翻译"。翻译中国的终极目标是构建人类命运共同体，这一愿景与中国古代黄帝向往的天下大同的理想社会不谋而合。要实现这一目标，必须认识到翻译包含"器"与"道"两个层面：译之"器"在于"译通"，即语言的通达与准确；译之"道"在于"译同"，即文化的共鸣与共享。只有兼顾翻译的"器"与"道"，才能真正推动中华文化走向世界。

关键词： 古典文化；大翻译；"译通"与"译同"

一、"克己复礼"与"为故国招魂"

"克己复礼"典出《论语·颜渊》。"颜渊问仁。子曰：'克己复礼为仁。一日克己复礼，天下归仁焉。为仁由己，而由人乎哉？'""礼"指周王朝的社会秩序，礼的内涵是宗法制度（patriarchal system）。

① 武波，外交学院教授，研究方向为中国文化外译与国际传播。

中国文化家国同构，礼义互通，家是小国，国是大家。在跨文化传播实践中，精准翻译的难度很大。例如，中文有“同胞”一词，但英文中的 compatriot 一词并不能完整地表达中文“同胞”的含义。

英国学者马丁·雅克认为，国家分两类，一类是民族国家（nation state），另一类是文明国家（civilization state）。他认为，中国是文明国家。[①] 他还指出了中华文明的一个突出特点，那就是以“合（unity）”为贵。《尚书》记载，中国古人追求“和睦九族，平章百姓，协和万邦”。例如，汉字就具有强大的向心力，它使中华民族跨越方言的藩篱，紧密地联结在一起。

西方文明以多元（pluralism）为特征，多元的结果必然是分化和分裂。对比来看，中华文明以合为特征，而西方文明以分为特征。根据中国哲学观，未来世界的出路在于合，而不在于分，因为“孤阴不生，独阳不长”(《幼学琼林·夫妇》)。

“为故国招魂”一语出自近代。钱穆先生逝世后，其弟子余英时敬献挽联：

一生为故国招魂，当时搗麝成尘，未学斋中香不散；
万里曾家山入梦，此日骑鲸渡海，素书楼外月初寒。

实现文化复兴需要文化自觉，中国传统文化的重点是道统文化，道统文化是古典文化，古典文化的重点是先秦文化，先秦文化的重点是春秋文化，春秋文化的重点是礼（propriety）、乐（music）文化。南怀瑾先生认为，中国人绝对有信仰，首先信仰礼，其次信仰诗。信仰礼容易理解，礼就是宗法制度，在中华文化中占据核心地位。“仁义礼智信，温良恭俭让”浓缩了中国儒家的为人之道。

① 雅克.当中国统治世界：中国的崛起和西方世界的衰落［M］.张莉，刘曲，译.北京：中信出版社，2010.

孔子讲仁，孟子讲义，它们共同构成了儒家的忠恕原则。其中，“仁义礼智信”是原则和标准，“温良恭俭让”是实现上述原则和标准的方法。不过，为什么说中国人信仰诗呢？或许是因为古代的《乐经》已失传，中国人为了保持对和谐生活的向往和追求，便在诗歌上建立起信仰。对此，孔子有明确的表述：“兴于诗，立于礼，成于乐。”为人首先要融入人群，这叫合，但是光有合还不够，还要同频共振。《管子·兵法》记载：“和合故能谐，谐故能辑（“辑”指和睦）。”这句话翻译为英文是“Harmonizing unity brings concord, which is conducive to concordance.（笔者译）”。

辜鸿铭的 *The Spirit of the Chinese People* 一书多被翻译成《中国人的精神》，这是浅译，若翻译成《春秋大义》，那就是深译[①]，因为中国人的精神就是古典精神，而这种精神在春秋时期盛行。孔子删定《春秋》，其深意在于追求“持平之论”。圣人是在暗示，一年四季中只有春天和秋天两个季节阴阳最为平衡，持平之论的目标就是平心论道。在中国人心中，道最大，春秋大义就是春秋道义。

《大学》记载：“知止而后有定，定而后能静，静而后能安，安而后能虑，虑而后能得。”得什么呢？得道。古人认为，修道有得，谓之道德。因此，将道德翻译成 morality，就窄化了其内涵，准确的翻译应该是 the true way and its awareness and acquisition。中国人对道的认知源远流长，尤其在先秦时期，这种认知在哲学领域得到了发展。中国人将“道”通俗地称作“老天爷”，如果承认天人合一，则必须承认道的存在。那么，什么是道呢？根据曾仕强的观点，道就是万事万物的总根源；辜鸿铭认为，道是宇宙的神圣秩序；傅佩荣指出，道即万物的起源和归宿。简而言之，道就是自然法则。中国文化强调宇宙的整体性，将自然界和人类世界视为统一的整体。

① APPIAH K A. Thick Translation[J]. Callaloo, 1993(4): 808-819.

中国文化最独特之处在于其世界观，中国的世界观来源于中国哲学：

中国哲学的起源有二：一是《尚书·洪范》篇；二是《周易》经传。前者揭橥一种“皇极”(大中，亦即绝对正义)的永恒理想；后者借由《易经》生生不已的变化，启发人类“穷则变，变则通，通则久”的处世智慧。这双重起源，使孔子可以承先启后，提出一套完美周全的人文主义，既可忠恕待人，又可上契天命。①

二、中国古典文化的核心

“文”“化”最早出现在《周易》中：

观乎天文，以察时变。观乎人文，以化成天下。

Observation of the colorful celestial phenomena can help people understand alteration of seasons. And observation of the rich and bright colors of human beings can enlighten them and bring peace to the whole land.②

这是“文”“化”最早的出处。文言文简洁精练，通常一个字就能够承载完整的概念或意象。

西汉以后，“文”与“化”方合成一词，如“文化不改，

① 方东美. 原始儒家道家哲学［M］. 北京：中华书局，2012.

② 张善文，傅惠生. 周易（大中华文库汉英对照）［M］. 长沙：湖南人民出版社，2008：132-133.

然后加诛”(《说苑·指武》),“设神理以景俗,敷文化以柔远”(《三月三日曲水诗序》),“文化内辑,武功外悠”(《文选·补之诗》)。这里的“文化”,或与天造地设的“自然”对举,或与无教化的“质朴”“野蛮”对举。[1]

显然,文化包含两层意思,“文”指文明,是静态的积累;“化”指教化,是动态的传播。有文明无教化,就谈不上文化,这意味着不同文明之间缺乏交流,没有互动,缺乏互通、互鉴和互融。在这一认知框架下,翻译作为跨文化传播的重要实践,包含两层境界,一个是打通各种文明(译通,这是翻译事业之“器”),另一个是教化后进(译同,这是翻译事业之“道”)。方东美指出,中国是早熟的文化[2]。历史上,北魏孝文帝拓跋宏推行了一系列深层次的社会改革,包括习汉语、改汉姓、易汉服、与汉人通婚,并将都城从平城(今山西省大同市)迁到洛阳,以便学习汉民族先进的农耕文明,从而促进国家的整体发展。这是文明教化的典范,不仅体现了文明间的互动与融合,更彰显了文化传播的强大力量。

中国文化讲究天人合一,道器合一,只有道器兼译的大翻译(megarendition),才是“翻译中国”所应追求的终极目标。从事中外翻译事业的人,首先要深入理解并认同中国文化,成为一个具有文化自觉的人,在此基础上方能建立起真正的文化自信。中国古代圣贤敬天法祖、尊道贵德的传统,为当代翻译工作者树立了崇高的精神标杆。在向世界阐释中国的伟大事业时,如何达到翻译文化的至高境界,是每一位翻译工作者面临的重大挑战。

下面通过具体的译例进行说明。

---

① 张岱年,方克立. 中国文化概论(修订版)[M] 北京:北京师范大学出版社,2004:2.

② 方东美. 原始儒家道家哲学[M]. 北京:中华书局,2012:14.

潜龙勿用。(《周易·乾卦第一·初九》)

The hidden dragon does not act. (傅惠生译)[①]

The hidden dragon *cub* does not act. (笔者译校)

图 1 乾卦

如图 1 所示，乾卦初九爻的爻辞是“潜龙勿用”，但初九爻表示“时”，上九爻表示“位”，“潜龙勿用”特指初出茅庐的幼龙或年轻人，其本分是守时待命，待价而沽。时不同，位就不同，如九二爻的爻辞是“见龙在田，利见大人”。因此，傅惠生的译文漏译了关键词“cub”。“dragon cub”意为“小龙”或“年轻人”。

新故相推，日生不滞。

The world moves on in a never-ending *process* of the new *replacing* the old. (原译文)

The world moves on in an endless *cycle* of the new *renovating* the old. (笔者译校)

原译文中个别词语使用欠妥，原因在于译者未能把握中西方思维方式的本质差异。西方人的思维是线性的、有限的，而中国人的

① 张善文，傅惠生. 周易（大中华文库汉英对照）[M]. 长沙：湖南人民出版社，2008：2-3.

思维是循环的、连续的、无限的。中国古人认为，天有四德——元（impetus）、亨（prosperity）、利（benignancy）、贞（perseverance）。守正即可守贞，守贞即可守元，即“正久成贞，贞下起元”，由此可以保持循环往复、生生不息的状态。因此，中国人所说的“革故鼎新”“继旧开新”，不是新的取代旧的，而是旧中有新，推陈出新。

上面的译例说明，翻译不仅是语言的转换，更是对文化的诠释。

何谓“中国文化”？

文化的自然属性告诉我们，一切都是自然孕育的结果，中国文化就是中华民族在其广袤的土地上，历经几千年沧桑岁月，孕育并积淀而成的一种独特的生活方式。中国文化源远流长，博大精深，包罗万象：

> 吾国圣哲遗训曰：立天之道曰阴与阳，立地之道曰柔与刚，立人之道曰仁与义。持仁义以为人，爰以参两天地，实即以天地之道立人极，故曰天地之道，博也，厚也，高也，明也，悠也，久也。博厚配地，高明配天，悠久无疆。[①]

发掘并整理中国文化有别于其他文化的特质，是一个重要课题。中国文化与其他文化最大的区别就在于中国人特有的世界观和方法论。中华民族秉持一体两面的哲学观：心物一元，自他不二。基于这样的哲学观，中华民族形成了其独特的方法论：以合为贵，以合为尚，和合共生。

何谓“中国古典文化”？

中国古典文化由三大模块组成：其一为道统，关乎中国人的世界观；其二为和合，关乎中国人的方法论；其三为礼教，它体现为

① 柳诒徵. 中国文化史［M］. 上海：三联书店，2007：2.

代际传承，确保中华文明的可持续发展。

先来谈道统。中国文化历来文史不分、文政不分、文哲不分。孔子曾说："吾道一以贯之。"意思是道统涉及社会生活的方方面面，道统就是儒家学说传授的系统。道统来源于道，道体衍生出体统。道是宇宙的第一因。道法自然，意思是道本自然。

再来谈和合。"和"表示和平共处，"合"表示分工合作。具体而言，"合"表示结合，因为"孤阴不生，独阳不长"(《幼学琼林·夫妇》)，"雄不独处，雌不孤居"(《周易叄同契》)。不仅如此，"和"还要求结合的双方同频共振，也就是共情。《周易》记载："二人同心，其利断金；同心之言，其臭如兰。"这句话翻译为英文是："If two men are of one mind, they will be as strong as a sharp knife that could cut metals easily; and their speeches of one mind will be as fragrant as orchids.（笔者译）"。

最后谈礼教。什么是礼教？"十三经"中的《孝经》强调，百善孝为先。古人云："求忠臣于孝子之门。"值得注意的是，中国只有《孝经》，却没有《慈经》。《大学》对此有所说明："物有本末，事有终始，知所先后，则近道矣。"在中国文化中，长幼有序，齿尊（年长者）为重，爵尊（职位高者）为先。

除《孝经》之外，中国还有一部重要典籍——《白虎通》。陈寅恪认为，《白虎通》中阐述的三纲六纪体现了中国文化的精神。此书由班固根据汉章帝刘炟命儒生在洛阳白虎观讨论五经异同的成果整理而成。书中规定：

> 诸父有善，诸舅有义，族人有序，昆弟有亲，师长有尊，朋友有旧。
>
> Paternal brothers are bound with charity.
>
> Maternal brothers are bound with righteousness.
>
> Clansmen are bound with order.

Elder and younger brothers are bound with affection.
Teachers and seniors are bound with reverence.
Friends are bound with the past.

（笔者译）

《道德经》	《周易》	《论语》
道	神	仁
道统	和合	礼教

图 2　中国古典文化的核心（三纲六目九宫格）

综上所述，中国古典文化中三个最核心的部分分别是道统、和合、礼教。与这三者对应的，则是中国文化中三个最重要的哲学概念，即道、神、仁。

什么是“道”？“道”就是自然法则，它统摄宇宙万物，既掌管自然界，也掌管人类社会。在自然界，道以自然规律的形式出现并发挥作用；在人类社会，道以德的形式发挥作用。因此，中国人把统管自然界的“道”与统管人类社会的“德”统称“道德”，用英文讲就是“the true way and its awareness and acquisition（笔者译）”。历史证明，得道多助，失道寡助。中国人深信，举头三尺有神明，道德代表宇宙万古不移的终极真理。

什么是“神”？孔子在《易传·系辞上》中说：“阴阳不测之谓神。（The unpredictability of the alternation between yin and yang is called subtle spirit.）”笔者认为，超越人类理性认知范畴的存在就是神或神性。生活中，中国人常说“差不多（close enough/good enough）”，这其实与曾子在《大学》中所说的“虽不中，不远矣”一脉相承。所谓“尽人事，听天命”，是说人生需要留些空白（也叫留余），否则容易陷入自是（自以为是）的误区。

孔子在《易传·系辞上》中说：

富有之谓大业，日新之谓盛德，生生之谓易，成象之谓乾，效法之谓坤，极数知来之谓占，通变之谓事，阴阳不测之谓神。

Great possession of all and their attachment are called a great cause, daily renewal and self-perfection the boundless virtue, alternation between *yin* and *yang* to cause constant reproduction change, the image that symbolizes phenomena of heaven the Qian hexagram and the image that simulates features of earth the Kun hexagram. To count all numbers with yarrow stalks to predict future is called divination, comprehensive understanding of changes of all things of creation under heaven and being able to think proactively is called talent, and unpredictability of alternation between *yin* and *yang* is called subtle spirit.①

孟子在《孟子·尽心下》中说：

可欲之谓善，有诸己之谓信，充实之谓美，充实而有光辉之谓大，大而化之之谓圣，圣而不可知之之谓神。

What is worth our admiration is called "good". To have it inherent in oneself is called "sincere". To be imbued with it to the full is called "beautiful". To be imbued with it to the full and have it brilliantly displayed is called "great". To be merged with such greatness is called "sage". When such sageness is beyond our depth, it is called "divine".②

① 张善文，傅惠生. 周易（大中华文库汉英对照）[M]. 长沙：湖南人民出版社，2008：376-377.

② 杨伯峻，赵瓯陶，张文庭，等. 孟子（大中华文库汉英对照）[M]. 长沙：湖南人民出版社，1999：326-329.

在西方文化中，神是造物主，神在彼岸，遥不可及。在中国文化中，神是由人创造的，神在此岸，神人合一。西方的神是主宰人间的虚构幻影，而中国的神是具有人间烟火气的圣贤。

什么是“仁”？仁是为人之本，也就是人性（true manhood，林语堂译）。人性有别于动物性，它的核心是人伦，也就是礼性和伦理。中国古典文化遵从儒家的基本信条，强调以人为本（即以民为本），以仁心为本（即推己及人）。

> 我认为，我把中国的“仁”字译成英文的 true manhood 是十分精确和适宜的。有时只要译成 kindness 就可以，正如“礼”字在有些地方可以译作 ritual（典礼）、ceremony（仪式）、manners（礼貌）。①

如要充分理解与上述核心思想相关的中国古典文化体系，就必须研读三部核心经籍，即《道德经》《周易》和《论语》。

《道德经》从哲学的高度阐释了“道”的本质内涵及其运行规律，即道法自然。（中国道教协会前主席任法融道长将其概括为“道本自然”）《道德经》揭示了中国文化独具特色的原因，这与中国人特有的世界观密切相关。要理解这种世界观，首先要把握“道”的本质内涵。

道教经典《清静经》记载：“大道无形，生育天地；大道无情，运行日月；大道无名，长养万物。吾不知其名，强名曰道。”《道德经》第二十五章记载：“有物混成，先天地生。寂兮寥兮，独立而不改，周行而不殆，可以为天下母。吾不知其名，字之曰道。”这些经典论述揭示了老子哲学中“道”的本质：实为阴阳未判之前的混元无极（无始的太极）。“道”是宇宙之起源、天地之本始、万

① 林语堂. 孔子的智慧［M］. 北京：群言出版社，2009：11-12.

物之根蒂、造化之枢机，也就是万事万物的总根源。“道”无形无象，无色无臭，无所不在，无所不知，无所不备，无所不能，充塞宇宙，遍满十方，不增不减，永恒常在。“道”本身无形而不可名，但却真实存在。老子为了使人感悟它、承认它、掌握它、顺应它，所以用“道”命名它，“道”是“大”的谐音字。这种对“道”的理解构成了中国人世界观的核心，它不仅解释了宇宙的起源与运行规律，也为理解中国文化的独特性和持久生命力提供了哲学基础。

《周易》从自然哲学的高度阐述了“神”和“神性”的本质，即人类无法解释的那些有意义的偶然。方东美说：“是人的便是神的。（To be human is to be divine.）”[①]《周易》被看作天人之学，它是讲宇宙是如何实现“天人合一”的。《孟子》记载：“尽心，知性，知天。”世界上最大的和谐，是人类和宇宙自然（天 / 神）的和谐，所以老北京人的门联上写着：多文为富，和神当春。

作为中华文化的伟大元典，《周易》被誉为群经之首、万经之始。司马迁在《史记·孔子世家》中记载：“孔子晚而喜《易》，序彖、系、象、说卦、文言。读《易》，韦编三绝。曰：‘假我数年，若是，我于《易》则彬彬矣。’”相传孔子 50 岁开始研习《易经》，这对我们理解《论语》中“五十而知天命”一句有所帮助。曾仕强认为，不读懂《易经》，诸子百家统统解释不清。举个例子，“朝闻道，夕死可矣”。《百家讲坛》上某位女嘉宾解释为“早晨闻道，即使晚上死去也可以”。其实，朝是阳，夕是阴。儒家重阴阳，道家重有无。孔子的本意是：白天闻道，过去的糊涂认识就翻篇吧。换句话说，就是《了凡四训》所谓的“从前种种，譬如昨日死；从后种种，譬如今日生”。儒家强调入世，主张经纶天下，济世救民，志怀苍生，修己安人，他们怎么会轻言死亡？《大学》讲的是乾卦的乾元，即“大生”，《中庸》讲的是坤卦的坤元，即“广生”，所

① 方东美. 原始儒家道家哲学［M］. 北京：中华书局，2012：8.

以汉语有“生生不息”这一成语。孔子在《易传·系辞上》中说：“广大配天地，变通配四时，阴阳之义配日月，易简之善配至德。”

儒家经典《论语》对“仁”的本质内涵进行了深刻的阐释。仁的含义就是推己及人，己所不欲，勿施于人。（Treat everyone as you would like to be treated.）儒家主张“仁义礼智信，温良恭俭让”。兰州国学馆里有一块石碑，上面写着“大道惟仁”。这不就是说，为人之道就是天道吗？天有好生之德，人有恻隐之心。因此，林语堂先生把儒家思想中最关键的概念“仁”翻译成 true manhood，其内涵就是“非兽性”。笔者认为，这是最准确、最贴切的英文翻译。“仁”也表示爱（fraternity），但那是在唐朝韩愈以后才被赋予的意思。

《论语》的书名富有深意。按曾仕强的解释，人类最伟大的发明是轮子，而轮子有一个特性，就是周而复始，循环往复。这一特性就是“道”的特性。正如四季更迭，春去秋来，构成了一个循环往复的圆环，每一个圆环的终结，都是新圆环的开始，这个规律永远不会改变。所以古人说：“天不变，道亦不变。”总而言之，《论语》（繁体写作《論語》）就是用语言宣讲圆轮（圆环）之理，也就是人伦之语。

三、翻译之器与翻译之道

是故形而上者谓之道，形而下者谓之器，化而裁之谓之变，推而行之谓之通，举而措之天下之民谓之事业。

（《易传·系辞上》）

Therefore, the metaphysical realm is called the way and the physical realm the vessel. The interaction between the two leads to mutual transformation and dissolution of things, which is called change, elaboration and application of the principles of change are called comprehensiveness, and to make these principles available for people under heaven to use is called a cause.[①]

综上所述，笔者认为，翻译亦分为“器”与“道”两个层面，译之器在译通，译之道在译同。《国语·晋语四》中记载：“同德则同心，同心则同志。”《孟子》中记载：“大舜有大焉，善与人同。”钱锺书在《谈艺录·序》中也曾说：“东海西海，心理攸同；南学北学，道术未裂。”如何将中国古典文化中蕴含的宝贵的大同思想传播出去，并造福全人类？答案在于“移文译化大翻译”。具体来说，“移文”就是翻译语言，转换文字；“译化”就是传播语言所承载的文明和文化，包括世界观、方法论，以及种种特殊的语用特征；“大翻译”就是“观乎人文，以化成天下”。文化交流的终极目标在于展示并弘扬真善美。从本质上来说，文化具有同化的力量，因为真善美应当是普世的价值观。

纪晓岚在《阅微草堂笔记》的序中强调，文以载道。这里的“文”显然是包括跨文化翻译在内的广义概念。如果翻译实践不能“载道”，就不能算是高水平的文化交流与传播。

当今世界发展最明显的标志就是中国的全面复兴。英国历史学家汤因比指出，未来属于中国。“中国梦”是中华民族几千年来孜孜以求的美好理想，其渊源可以追溯到远古时期黄帝梦游华胥国的传说，而这个梦想的核心便是“天下大同”。从古至今，“天下一家，天下大同”的理念贯穿于姜子牙、孔子、康有为和孙中山等人的论述中。

应当指出，要实现东西方文化的互通，首先必须贯通古今。只有知道自己从哪里来，才能知道自己要到哪里去。笔者认为，识文

---

① 张善文，傅惠生.周易（大中华文库汉英对照）[M].长沙：湖南人民出版社，2008：404-405.

（《说文》）断字（《解字》）方能知书（《尚书》）达礼（《礼记》），满腹经纶方能出口成章。一个人要成就大学问，建立大事业，首先应研读《说文解字》。翻译中国典籍时，理应先研习以钱大昕、戴震、章学诚、阮元为代表的清代朴学（考据学）。此外，还应研读《尚书》《礼记》等经典古籍，尤其是中国古典文化的元典《周易》。笔者建议，从朴学入手，进而研读唐代孔颖达的《五经正义》，再研读汉代郑玄的《郑笺》。解开中国古典文化秘密的钥匙当属《尔雅》。古人云："尔乎雅，近乎正。"不读《说文解字》和《尔雅》，就难以读懂其他经典，典籍翻译可能会流于表面，甚至南辕北辙。

中华民族拥有五千年的悠久文明，从早期儒家思想（Primaeval Confucianism）和早期道家思想（Primaeval Taoism）到宋明理学，再到清代朴学，形成了深厚的思想与文化积淀。如果对这些思想体系缺乏全面而深入的了解，翻译中国经典的质量就难以得到保障。

四、结语

文化自信以文化自觉为前提，回归经典、正本清源是文化自觉的首要条件。方东美指出：

> 各主要文化的决定因素，在希腊是哲学，在印度是宗教与哲学，在中国是艺术与哲学；我们承受中国的文化传统，应当在这种优美的精神传统中，先自己立定脚跟，再在自己的立场上发展内在的宝贵生命和创造精神，然后培养成内在的智慧，虚心反省自己的优劣，再原原本本地去看西方文化，以取法乎上，得乎其中。[①]

① 方东美. 原始儒家道家哲学［M］. 北京：中华书局，2012：4.

在翻译界，有人钻研翻译理论，有人探讨翻译技巧，有人探究翻译史，还有人探索翻译教学……呈现出百花齐放的表象。然而，缺乏明确出发点和目标导向的远征，未必能到达理想的目的地。当下，实现中华民族伟大复兴是时代的主题，学贯中西是新时代包括翻译在内的新文科不断向前发展的必由之路。本文阐述了中国古典文化的内涵以及翻译中国事业的宏大愿景。此外，文化“走出去”和对外传播还涉及另外两个课题，即翻译中国的原则和翻译中国的方法。关于这两点，可进一步参考武波的相关研究成果①。

① 相关研究成果可参考：武波《中国文化走向世界的传播之路》，载《中国社会科学报》，2017 年第 6 期；武波《中国文化的内涵及其对外传播的原则和方法》，载《廊坊师院学报》，2019 年第 1 期，第 44-47+52 页；武波、郭聪《让中华文明智慧照鉴中加关系未来》，载《2019—2020 加拿大政策发展报告》，第 28-36 页；Wu Bo “Renaissance of Chinese Culture and Prosperity of the World of Arts”，载 *Contemporary Social Sciences*，2021 年第 3 期，第 30-35 页。

第五章

中加、中法关系研究

风云变幻中的世界新格局对中加关系的机遇和挑战

枫一[①]

摘要： 自1970年中加建交以来，中加关系总体保持稳步发展。尤其在让·克雷蒂安总理任期内，中加关系迎来了“黄金十年”，双边经贸合作和人文交流达到了前所未有的高度。然而，近年来受国际政治环境变化和一系列事件的影响，中加关系面临着严峻挑战。尽管如此，中加关系源远流长，经济互补性很强，恢复和发展中加关系具有重要的现实意义。展望未来十年，中加关系的改善需要两国共同维护人民的根本利益，加强两国人文、教育和社会领域的交流，充分发挥华裔群体在融通中加关系中的独特优势，重建两国政府和民间的沟通渠道。通过携手努力，共建更加和谐、可持续发展的中加关系，为世界和平与繁荣贡献力量。

关键词： 中加关系；人文交流；中加关系展望

1970年10月13日，加拿大和中国正式发表了建立两国外交关系的联合声明，这一举措开启了中国和西方世界交流合作的大门，为中国重返联合国提供了支持。1973年，加拿大时任总理皮埃尔·特鲁多第一次对中国进行国事访问，两国正式在商贸、教育、

---

① 枫一，北京外国语大学加拿大研究中心客座研究员。

军事等领域建立起交流机制。中加建交意义重大，不仅是中国外交版图的突破，而且对随后中美两国建立正式外交关系也产生了深远影响。尽管加拿大政坛经历了自由党与保守党的多次更迭，但中加关系仍保持稳步发展的态势。1993 年，中加关系迎来历史上第一个“黄金十年”。

一、让·克雷蒂安与中加关系“黄金十年”

在 1993 年 10 月的加拿大联邦大选中，让·克雷蒂安领导的自由党击败了保守党，以多数党身份执掌政府。克雷蒂安上台之初，加拿大国内财政赤字高达 320 亿加元。为应对财政危机，克雷蒂安政府将推动中加贸易作为首要工作。

1994 年 11 月，由 400 多位加拿大商界领袖、9 位省长和 2 位特区首长组成的“加拿大国家队”首次访华。双边贸易谈判结束后，在人民大会堂举行了盛大的招待会，庆祝双方签署了总额达 85 亿加元的贸易合同和备忘录，其中包括加拿大向中国秦山核电站出售两台核反应堆。这是加拿大历史上和中国对外贸易史上最大的双边贸易项目。此次访问标志着两国关系正式迈进高速发展时期。

从 1993 年时任中国国务院副总理的朱镕基访问加拿大开始，中国高层领导人先后访加。

2001 年，克雷蒂安总理再次率领“加拿大国家队”访华，随行者包括 8 位省长和 600 多名商业代表。朱镕基总理与克雷蒂安总理签署了多项合作协议，涉及能源、环境与气候变化、司法改革、西部开发等多个领域。此外，双方还就中国加入世界贸易组织后的双边合作签署了意向书。

在史蒂芬·哈珀担任加拿大总理期间，中加关系在多个领域取得了实质性突破，具体包括：2010 年，中加签署了《中华人民共和国国家旅游局和加拿大外交与国际贸易部关于便利中国旅游团队赴加拿大旅游的谅解备忘录》，使中加旅游合作迈入了一个崭新阶段；2012年，中加签署《〈中华人民共和国政府和加拿大政府和平利用核能合作协定〉议定书》和《中华人民共和国政府和加拿大政府关于促进和相互保护投资的协定》。值得一提的是，哈珀总理在任期内还解决了加拿大历史上遗留的“人头税”问题，从而推动了中加关系的友好发展。

2015年，贾斯廷·特鲁多出任加拿大总理，让中加两国关系又充满了新的希望。2016年，中加双方启动了中加自贸协定探索性讨论。

二、恢复中加关系的重要性

（一）加拿大的国际地位

加拿大一直奉行积极接纳外来移民的政策，平均每年接收25万新移民，有近五分之一的国民出生于国外。这使加拿大成为世界上拥有多种族及多元文化的国家之一。

得益于丰富的自然资源，加拿大是一个经济发达、国民生活富裕的国家。以国际汇率计算，加拿大的人均国内生产总值在全世界位居第十六，人类发展指数位居世界第十。2021年，加拿大的国内生产总值为2.09万亿加元。加拿大在教育、政府透明度、自由度、生活品质和经济自由等方面的国际排名都名列前茅，加拿大被《美国新闻与世界报道》杂志评为2021年全球最佳国家。加拿大积极参与国际事务，是联合国、北大西洋公约组织、北美空防司令部、七国集团、二十国集团、亚太经济合作组织、经济合作与发展组织、英联邦和法语国家组织的成员国及太平洋岛国论坛的对话伙伴。因在国际事务上有一定的影响力，加拿大被国际公认为中等强国。

（二）中加关系源远流长

白求恩医生作为中加两国人民友谊的见证者，他的事迹深深触动了几代中国人的心，其影响延续至今。

1941 年，太平洋战争爆发，加拿大开始对中国进行援助。1944 年，两国在渥太华达成协议，内容包括：加拿大政府向中国政府提供军需品，中国政府同意继续协助加拿大的防卫工作。通过向中国提供经济与军事援助，加拿大赢得了中国人民和中国政府的好感，进一步巩固了两国之间的友好关系。

中加两国建交后，加拿大对中国的援助与合作项目显著增加。从 1988 年起，加拿大开始支持中国民族地区的小型发展项目。到 1991 年，加拿大已向中国西北民族地区的 57 个建设项目提供了无偿援助。

（三）两国经济互补性很强

中加两国自 20 世纪 50 年代就有民间贸易活动，正式贸易关系始于 1961 年中加签订的小麦协定。自 1970 年两国建交并于 1973 年签订政府间贸易协定以来，两国经济贸易关系发展顺利，友好合作保持良好发展势头。

1970 年，中加双边贸易额只有 1.5 亿美元。据加拿大统计局统计，2018 年，中加货物贸易额首次突破 1000 亿加元，达到 1031.9 亿加元，占加拿大外贸总额的 8.8%。中国已多年保持加拿大第二大贸易伙伴、第二大进口来源地和第二大出口市场的地位，仅次于美国。

中加经济贸易关系之所以发展如此迅速，主要原因是两国经济互补性很强，中加两国互为重要的投资来源地和目的地。截至 2018 年底，加拿大累计在华投资设立企业 1.4 万余家，中国累计在加投资设立企业 300 余家。

在贸易类别方面，几十年前，双边贸易种类和数量都很有限，加拿大对中国主要出口农产品和化工品，从中国进口箱包和服饰等劳动密集型产品。随着中国经济规模的迅速扩大和产业结构的持续升级，中国的市场需求日益多元化，同时供应能力也显著提升。近年来，中加经贸关系已经从单一的商品贸易发展为全方位、跨领域、多元化的贸易和经济技术合作，商品、服务、人员和资本的流动日益频繁，两国间的经济联系不断加深。

在投资合作方面，较早进入中国的庞巴迪参与了中国一些重要城市的轨道交通建设，诺贝丽斯（Novelis）、磐吉奥（Pangeo）等在中国实现了商业成功。近几年，加拿大鹅（Canada Goose）和提姆霍顿（Tim Horton）等一批在华投资的企业成为加拿大在中国的独特名片。

回顾历史，加拿大凭借其独特的资源优势、先进的科学技术和品牌影响力，与迅猛发展的中国市场需求形成互补，有力推动了中加经贸合作在数量和质量上实现双突破。这些优势与合作基础不仅是过去两国关系发展的核心动力，也是未来两国关系持续深化与拓展的重要基石。

三、当前的中加关系

由于加拿大及其民众对中国的发展缺乏基本了解，因此对“中国崛起”产生了恐惧。与此同时，美国主导的西方媒体系统长期对中国崛起进行负面报道，并刻意放大中西方价值观的差异，以维持美国及其盟友的全球战略主导地位和既得利益。这些因素导致中加关系近年来急剧恶化。

熟悉加拿大的人都知道，加拿大对华政策的四大核心中有两个是“人权、政府管理体系和依法治国”以及“和平与安全”。这些核心原则在一定程度上解释了加拿大政府在面对冲突或敏感问题时对待中国的态度。深入分析加拿大人的价值观和行为准则可以发现，其核心理念表现为倡导“多元性、平等、尊重、包容、法治、正义”。加拿大对弱势群体极为重视，这种关怀不仅涵盖了残疾人、妇女、儿童、原住民、少数族裔等社会群体，还延伸至动物界的万千生灵。正是基于这样的社会价值观，加拿大人对任何伤害弱势群体，以及对个人自由施加不合理限制的行为和事件都表现出高度的敏感性和零容忍的态度。

作为一个依赖大量移民维持社会活力的国家，加拿大崇尚多元文化，整个社会建立了遍布社区的各类弱势群体服务中心。联邦、省、市三级政府每年会拨出巨额款项支持机构运行和社区服务项目。

1982 年，《加拿大权利与自由宪章》（以下简称《宪章》）开始生效，这是加拿大最重要的法律。《宪章》保障了加拿大公民的基本权利和自由，包括言论自由、宗教信仰自由、平等权利等。

综上所述，加拿大在政策制定过程中十分重视民调数据的支持，民调结果往往受到媒体宣传的长期影响。政府机构通过咨询、研究和辩论，结合法律法规和专家智库的专业建议，围绕国家利益和价值观来制定各项政策，包括对华政策及相关事务的实施细则。

四、中加关系展望

皮埃尔·特鲁多在 1968 年 5 月 20 日的公开演讲中提到，中国是国际社会的重要成员，许多全球性问题的解决都离不开中国的参与。今天的加拿大政治家们需要用智慧和勇气，重新确立加拿大作为独立且有影响力的国际和平使者的地位，寻求符合加拿大人民根本利益的中加关系和美加关系的平衡点。这一点，皮埃尔总理做到了，克雷蒂安总理做到了，哈珀总理也做到了。他们的共同点在于，始终将加拿大人民的根本利益放在首位，而非仅仅停留在通过放大镜或有色眼镜审视中国的层面。在当今世界，“地球村”的现实要求我们的政治领袖们践行“求同存异、共同发展、民生为先”的理念。

1994 年，加拿大确立了以“经济伙伴关系，可持续发展，人权、政府管理体系和依法治国，和平与安全”为核心的对华政策。这一政策明确了中加两国在重点领域的合作方向，为双方未来的合作项目提供了战略指引。

第一，坚持中加两国人民的共同利益优先。在经贸、绿色农牧业、环境保护、新能源开发和大气减排等领域，双方拥有共同的利益，应加强在这些领域的合作，围绕“经济伙伴关系”和“可持续发展”两大核心，切实推进惠及两国人民的务实合作。在制定外交政策时，两国应在维护本国核心利益的同时，始终将人民福祉置于首位。在双边商贸、教育、旅游和民间交流等方面，中加双方应继续加强合作。因为任何商业市场的关闭，都有可能导致永久性的贸易流失。

第二，中加两国在人文、教育和社会领域的交流至关重要。这些领域的交流与互动，不仅能够增进两国人民的相互理解与包容，还能有效消除认知差异与误解。各种信息表明，加拿大民众对当代中国的发展现状缺乏充分的了解，而近 200 万的加拿大华裔正是促进中加相互理解的重要桥梁。这一群体与中加两国都有深厚的渊源。19 世纪 50 年代，第一代华工就为加拿大的铁路建设与国家发展做出了巨大贡献。如今，作为加拿大最大的移民群体，华裔在保持中华文化传统的同时，积极融入加拿大社会，在教育、经济、政治等领域取得了显著成就。在2019年的联邦大选中，有8名华裔当选；多伦多和温哥华两大城市更是首次同时由华裔担任市长，彰显了华裔群体日益提升的社会影响力。在经济全球化背景下，加拿大华裔始终秉持着中华民族的优良传统，既为加拿大的多元文化建设贡献力量，又在中加经贸合作、文化交流等领域发挥着独特作用。他们是两国关系发展的见证者与践行者，未来必将继续为深化两国合作伙伴关系做出积极贡献。

第三，中加两国应重建政府与民间多层次对话机制，建立危机预防与管控体系。在世界多极化的发展趋势下，中加两国完全能够实现优势互补、共同发展。事实上，中加两国不存在根本性利益冲突，这为双方构建建设性关系奠定了坚实基础。通过常态化的对话机制，加拿大在社会治理、法治建设等方面的经验可以为中国的改革发展提供有益借鉴。同时，加拿大在可持续发展领域的前沿理念和技术也可以与中国的发展需求形成良性互动。此外，中加两国的智库也应建立定期交流机制，通过举办中加关系政策研讨会等形式，就共同关心的议题展开深入探讨，在求同存异的基础上为双边关系发展提供智力支持。

风雨兼程六十载——中法关系的回顾与展望

王鲲[①]

摘要：自 2023 年初以来，中法关系以 2024 年两国建交六十周年为契机，全面迅速回暖。通过年内三大机制会议，中法关系全面恢复正常。中法两国建交始于不畏强权、谋求独立自主的共同心声，奠基于两大文明之间的相互尊重，形成于密切的经济合作与优势互补，发展于全球治理的宏阔愿景。抚今追昔，继往开来，中法两国的合作与交流之路会越走越宽。

关键词：中法关系；六十周年；战略合作；人文交流；发展愿景

2022 年 11 月，二十国集团领导人第十七次峰会在印尼巴厘岛举行。在会议间歇，中法两国元首在印尼巴厘岛举行会谈，开启了新一轮外交互动。在此后一年的时间里，两国关系迅速升温，在外交、经贸和人文交流等领域掀起了新的合作高潮。2024 年适值中法建交 60 周年。在中国传统文化中，六十年一甲子，象征着一个完整的轮回，也代表了新的开始。值此重要时刻，本文尝试回顾中法建立外交关系的初心，展望两国共同发展的未来。

---

① 王鲲，北京外国语大学法语语言文化学院教授，教育部中法人文交流研究中心（北京外国语大学）副主任。

一、中法关系的独立性、特殊性、引领性

20 世纪 60 年代，冷战格局下的国际形势严峻复杂，两大阵营内部的霸权主义日益加剧。在纷繁复杂的世界中，中法两国都迫切需要保卫国家安全，捍卫自身利益，坚持独立自主的战略发展方向。在毛泽东主席的领导下，新中国实行独立自主的和平外交政策。戴高乐将军创建了法兰西第五共和国，致力于实现法国的伟大梦想，摆脱美国的束缚。1964 年，毛泽东主席和戴高乐将军以超凡的战略眼光做出建立外交关系的决定。1 月 27 日，一声“外交核爆”响彻世界，亚欧大陆东端和西端的两个国家将双手紧握在一起，开启了双边关系的新篇章。中法两国凭借勇于追求独立自主的精神，换得了两国长期的相互尊重。在长期发展过程中，中法关系呈现出独立性、特殊性、引领性三个特点。

“独立自主、相互理解、高瞻远瞩、互利共赢”是习近平主席总结的中法精神。这一精神引领着中法两国发展外交关系，使其始终走在中国同西方大国关系的前列。独立自主是中法两国关系的基石。中法两国建交的初心，是坚持奉行独立自主的和平外交政策，彼此尊重，相互支持，求同存异，在国际舞台上增加两国的影响力，推动经济与文化的深入交流。毛主席在总结中法建交的原因时说：

> 在我们之间有两个根本的共同点：第一，反对大国欺侮我们。就是说，不许世界上有哪个大国在我们头上拉屎拉尿。我讲得很粗。不管资本主义大国也好，社会主义大国也好，谁要控制我们，反对我们，我们是不允许的……第二，使两国间在商业上、文化上互相往来……

六十年后的今天，中国在倡导多边主义、建设多极化世界、促进文明对话和包容互鉴等方面，始终和法国保持高度共识和密切对

话。马克龙总统被法国媒体称为“新密特朗主义者”，是法国独立自主外交传统的继承者。他曾多次重申坚持法国和欧洲战略自主，反对集团对抗，维护自身利益，不做美国的“跟班”。

中法关系的特殊性在于，中法两国都是文明大国，有悠久的历史和宏阔的视野。在政治上，中法两国对世界上很多问题的看法相似，能够相互理解。这种特殊性表现为中法关系里的许多“第一”：法国是第一个与中国建立全面外交关系的西方大国（1964年），法国是第一个与中国签订航空运输协定并开通航线的西方国家（1966年），乔治·蓬皮杜总统是第一位正式访华的西方国家元首（1973年），法国是第一个与中国签订政府间科技合作协定的西方国家（1978年），法国是第一个与中国开展民用核能合作的西方国家（1982年），法国是第一个与中国建立全面伙伴关系的西方大国（1997年），“中国文化年”第一次在法国举办（2003年），等等。此外，中法两国同为联合国安理会常任理事国，共同倡导多极世界、多边主义和国际关系民主化，明确反对个别大国操纵国际事务、干涉别国内政。中法两国在国际事务中相互支持，为维护以联合国为核心的国际秩序做出了重要贡献。后冷战时代，作为唯一超级大国的美国，未经联合国授权，于2003年对伊拉克发动侵略战争，法德两国带头反对，他们的立场得到了中国的支持。

在世界百年未有之大变局加速演进的背景下，中法建交时的相互信任与支持不断深化和发展。应对气候变化、降低碳排放已成为全球可持续发展的核心议题，也是联合国可持续发展目标之一。中法两国已将相关议题纳入高级别战略对话议程，并建立了应对气候变化的伙伴关系。2007年11月，中法两国发表了关于应对气候变化的联合声明。2015年11月，中法两国元首在北京发表了《中法元首气候变化联合声明》。在同年12月召开的巴黎气候大会上，中法两国与国际社会携手努力，就应对气候变化问题达成了《巴黎协定》。2023年11月，在联合国气候变化迪拜大会前夕，习近平主席致电马克龙总统，重申应维护《巴黎协定》的制度框架，表示中方愿同法方一道，推动联合国气候变化迪拜大会取得成功。在新形势下，中法两国在绿色科技和应对气候变化领域的合作基础扎实，前景广阔。两国共同应对全球挑战、引领全球气候治理的信号也日益强烈。

在整个建交历史上，除了特殊时期和个别政客之外，法国历届政府在对华关系上始终保持独立性和自主性。中法两国彼此信任，在拥有共同利益的领域相互支持，确保两国关系行稳致远。在后疫情时代，面对变乱交织的国际格局，坚持中法建交精神，必将为中法关系的稳定发展注入更强动力。

二、后疫情时代的中法关系与展望

后疫情时代，世界局势变得越来越纷繁复杂。“一超多强”的格局持续演变，地缘冲突给欧洲的政治格局带来严重冲击，西方阵营的冷战思维不断抬头。与此同时，经济全球化受阻，全球产业链和供应链的安全受到威胁。各国经济政策频繁调整，全球金融市场波动加剧，世界经济的不稳定性日益凸显。在此背景下，新技术异军突起，成为引领世界经济发展的新引擎。全球技术格局正在重新洗牌，能否搭乘上这班列车，将在很大程度上决定一个国家的未来走向。

作为联合国安理会常任理事国，中法两国是维护世界和平与发展的重要力量。中法关系稳健发展，以自身的稳定性为世界注入确定性和正能量。中法建交以来，始终秉持相互尊重、平等相待的立场，这一原则为双边关系的稳健发展奠定了坚实基础，也成为两国宝贵的精神财富。因此，以建交六十周年为契机，中法双方应进一步加强政治互信，深化经贸、人文等领域的交流与合作，保持市场开放，共同应对全球性挑战。

（一）领导人密集互动

在过去的一年里，中法高层领导互动达到了前所未有的频繁程度。在刚刚走出疫情的2022年底，两国元首外交就已经拉开序幕。在2022年11月二十国集团领导人巴厘岛峰会期间，习近平主席会见了马克龙总统。两国元首充分肯定了双边关系的积极发展势头，重申了独立自主、合作开放的精神，就尊重彼此核心利益、深化各领域务实合作、共同应对全球性挑战达成了共识。此次会见为双边关系发展注入了信心，为务实合作增添了动力，为中欧关系进一步发展奠定了基础，为世界注入了稳定性和正能量。

2023年4月6日，马克龙总统来华进行国事访问。习近平主席同马克龙总统举行会谈，双方就中法关系和世界局势交换了意见。习近平主席积极评价中法关系，强调稳定性是中法关系的突出特征和宝贵财富，值得双方精心呵护。马克龙总统重申法方坚持独立自主的和平外交政策，表示愿同中方保持坦诚深入沟通，增进互信，求同存异。法国会继续主张欧洲战略自主，反对搞对立分裂，反对搞阵营对抗。面对国际局势，法国不会选边站队，而是主张团结合作，保持大国关系稳定。

会议提出，2023年内举行中法战略、经济财金、人文交流三大高级别对话机制新一次会议，这预示着中法各个领域的交流合作将全面重新启动。法方认识到，中国正在大力推进高质量发展和高水平开放，特别是中方提出愿同法方培育服务贸易等新合作增长点，并邀请法国担任2024年中国国际服务贸易交易会和第七届中国国际进口博览会主宾国，这无疑能够为法国服务业提供更大的市场机遇。

在多边合作方面，中法双方有意愿在联合国、二十国集团、世界贸易组织等多边机制保持密切沟通与协作，共同践行真正的多边主义，携手应对气候变化、能源问题等全球性挑战。作为对法方支持昆明–蒙特利尔《生物多样性公约》第十五次缔约方大会的回应，中方表示将全力支持法方办好2025年联合国海洋大会。法方赞赏中方始终遵守联合国宪章宗旨，为解决国际地区热点问题发挥积极作用，期待同中方进一步加强沟通与协作，共同实现世界的持久和平与稳定。

在乌克兰危机问题上，作为北约成员国的法方和一贯主张劝和促谈的中方始终保持密切沟通。中方支持欧方为政治解决危机发挥作用，愿同法方一道呼吁国际社会保持理性克制，避免采取使危机进一步恶化甚至失控的行动。马克龙总统赞赏中方为政治解决乌克兰危机发挥的重要作用，表示法方主张重启政治谈判，以外交手段解决危机，实现欧洲持久和平，希望同中方加强沟通，共同为促进和平做出积极努力。

马克龙总统此次访华的另一个目的是重启中欧关系，因此邀请了欧盟委员会主席冯德莱恩一道访华。法国自视为欧洲当仁不让的领导者，并将欧盟视为其坚实的后盾。马克龙总统始终主张并努力推动中欧关系的发展。在中方看来，中欧关系发展的基础是中欧都坚持独立自主的原则，共同推进全球治理进程，致力于建设更加公平有序的多极化世界。习近平主席强调，中国对欧政策将保持长期稳定，坚持中欧关系的独立性（不针对、不依附，也不受制于第三方）。中欧是全球两大力量、两大市场、两大文明，中欧关系关乎双方福祉，关乎全球的稳定和繁荣。

2023年是中国同欧盟建立全面战略伙伴关系20周年。习近平主席在会见冯德莱恩时强调，中方愿同欧方全面重启交流对话，稳固中欧友好合作主基调，探讨构建稳定互信的供应链伙伴关系，实现互利共赢。冯德莱恩在访华之前曾在公开场合表示，欧盟不会与中国“脱钩”。她强调，欧中互为重要贸易伙伴，彼此经济高度关联，同中国“脱钩”不符合欧方利益，不是欧盟的战略选择。她表示，欧方尊重中国的历史和文化，应独立自主地决定对华政策，与中国进行坦诚和建设性的对话。欧方愿同中方重启欧中经贸高层对话，推进欧中经贸关系稳定平衡发展，实现互利共赢。

在马克龙总统成功访华之后，为落实两国元首的重要共识，国务院总理李强于 2023 年 6 月 23 日访问法国，出席马克龙总统主持召开的新全球融资契约峰会。在峰会上，李强总理介绍了中国在全球发展和治理问题上的主张，提出“坚定推进全球金融治理改革”“坚定构建全球发展伙伴关系”“坚定推进经济全球化和自由贸易”三点倡议，引发与会各界的积极反响。访问期间，李强总理还会见了马克龙总统、博尔内总理和拉尔歇参议长等法国高层，强调双方要不断深化中法全面战略伙伴关系，办好中法战略对话、高级别经济财金对话、高级别人文交流机制会议，深化各领域务实合作，借助中法建交 60 周年、中法文化旅游年和巴黎奥运会“三年合一”的契机，打造人文交流新高潮。

2023 年 11 月 20 日，中法两国元首就巴以冲突交换了意见。两国元首一致认为，当务之急是避免巴以局势进一步恶化，避免严重的人道主义危机，“两国方案”是解决巴以冲突循环往复的根本出路。双方还就联合国气候变化迪拜大会进行了沟通，一致表示要对外发出中法携手应对气候变化的有力信号，推动联合国气候变化迪拜大会取得成功。这次通话充分体现了中法两国在全球安全治理和气候治理方面的深入沟通与务实合作。同时，两国元首对中法各层级交往快速恢复和各领域合作扎实推进表示高度肯定与赞赏，对即将到来的中法建交 60 周年进行了展望。中方重申，双方要坚守建交初心，赓续传统友谊，推动中法关系迈上新台阶。

自 2022 年 11 月至 2023 年 11 月，中法两国领导人开展了密集的交流互动。这体现了中法双方希望通过政治引领双边关系迈上新台阶的愿望，不仅在海内外释放出强烈的信号，同时也为庆祝两国建交六十周年做足了准备和铺垫，为中法文化旅游年的顺利举办创造了有利条件。下一阶段，中法交流合作迈上新台阶可谓是水到渠成。这些信号有力推动了双边关系各领域的快速重启，双方在政治、财经和人文交流三大领域取得了一系列丰硕成果。

（二）中法发表新联合声明

2023 年 4 月，马克龙总统访华之际，两国发表中法联合声明，系统地梳理了两国的合作现状，为未来的合作指明了新方向，为中国–欧盟关系寻求新动能。此次联合声明是在 2018 年 1 月 9 日、2019 年 3 月 25 日和 2019 年 11 月 6 日的联合声明基础上做出的，为庆祝中法建交 60 周年，规划未来两国加强政治互信、经贸合作，增进人民友谊，深化双边关系擘画了蓝图。

在加强政治对话、促进政治互信方面，双方确定延续两国元首年度会晤机制，年内举行三大机制新一次会议，推动全面战略伙伴关系不断发展，深化战略问题交流，特别是深化中国人民解放军南部战区与法国军队太平洋海区之间的对话，加强在国际和地区安全问题上的相互理解。此外，中国重申致力于发展中国–欧盟关系，法国承诺为中欧关系做出贡献。法国重申坚持一个中国政策的立场。

在推动世界安全与稳定方面，作为联合国安理会常任理事国，中法两国共同致力于维护国际安全和稳定，认为应通过对话协商和平解决争端，强化以联合国为核心的多边国际体系，共同维护军控与防扩散体系的权威性和有效性，推进国际军控进程，支持一切在国际法和联合国宪章宗旨和原则基础上恢复乌克兰和平的努力，保护核电站和其他和平核设施，强调遵守国际人道法，保护受冲突影响的妇女儿童，加大人道援助力度，并继续在中法战略对话机制下保持沟通。声明还涉及伊朗核问题、朝鲜半岛问题和中法网络事务对话机制。

在促进经济交流方面，两国承诺为企业提供公平和非歧视的竞争条件，特别是在化妆品、农业和农食产品、空中交通管理、金融、卫生健康以及能源、投资和可持续发展等领域，提供良好环境，改善市场准入，改善营商环境，尊重知识产权。两国承诺促进服务贸易发展，法国愿应邀担任2024年中国国际服务贸易交易会主宾国。双方承诺将航空连通恢复至疫情前水平，支持深化人员和经济往来。此外，声明还提及两国航天机构合作、核能合作以及第三方市场合作。

在重启人文交流方面，中法两国支持深化文化作品创作与利用方面的合作，积极推动重启文旅交流，共同举办2024中法文化旅游年，支持举办高水平活动，加强在文化和创意产业领域的合作，加强文化遗产保护、修复和开发领域的双边合作，加强语言教学合作，促进相互理解，加强高等教育和职业教育合作，召开新一届中法教育混委会会议，确定建立“中法碳中和中心”，促进科研人员交流，推动开展联合研究活动，以2024年巴黎奥运会和残奥会为契机，促进青年运动员交流、体育基础设施发展和体育产业经验分享。

在共同应对全球性挑战方面，双方承诺维护世界粮食市场稳定，就推动节粮减损、促进粮食本地化生产开展国际合作，支持以世界贸易组织为核心、以规则为基础的多边贸易体制，致力于营造自由、开放、透明、包容、非歧视的贸易与投资环境，解决发展中经济体和新兴市场经济体融资困难问题，推动二十国集团发挥国际经济合作主要论坛的作用，支持缓债倡议和自愿转借特别提款权，确立气候、生物多样性和土地退化防治为两国共同优先事项，重申各自碳中和/气候中和承诺，承诺在筹备《联合国气候变化框架公约》第二十八次缔约方大会之路上保持密切沟通和协调，支持促进和发展有助于生态转型的融资，研究加入“建筑突破”倡议，致力于海洋保护，反对塑料污染，承诺保护和管理森林生态系统，推动发展中国家实现更加公正的能源转型，保护人权。

（三）中法对话三大机制重新运行

政治互信、经贸往来和人文交流是中法关系的三大支柱，三大对话机制则是双边关系深入发展的主要交流渠道。2023年，三大对话机制全面恢复，标志着中法在各领域的合作交流全面重启。2023年7月29日，第九次中法高级别经济财金对话在北京举行，中国国务院副总理、中法高级别经济财金对话中方牵头人何立峰与法国经济、财政及工业、数字主权部长、对话法方牵头人布鲁诺·勒梅尔共同主持对话。对话期间，双方达成多项共识。双方重申了马克龙总统访华期间两国元首联合声明中体现的共同方针，并将在多边和全球领域进一步加强合作。双方承诺在国际货币基金组织、世界银行、亚洲开发银行、亚洲基础设施投资银行等机构中加强合作，支持一个强大、以份额为基础、资源充足的国际货币基金组织及其在全球金融安全网中发挥核心作用。此外，双方还强调了支持以规则为基础、以世贸组织为核心的多边贸易体制的重要性，表示愿共同努力，推动世贸组织第十三届部长级会议取得务实成果。在数字经济领域，法方承诺在遵守两国相关法律法规（包括国家安全规定）的基础上，继续以公平、非歧视的方式处理中国企业的授权许可申请。双方高度重视航空航天领域的战略合作伙伴关系，中方欢迎法方参与嫦娥七号和嫦娥八号等月球探测项目以及天问二号等行星探测任务。此外，法国表示接受邀请参加2024年中国国际服务贸易交易会和2024年中国国际进口博览会，并表示将担任主宾国。

2023年10月30日，中共中央政治局委员、中央外办主任王毅在北京同法国总统外事顾问博纳举行第二十四次中法战略对话。王毅表示，当今国际形势变乱交织，挑战层出不穷。60年前，中法做出建交政治决断，打破冷战樊篱，推动了国际关系民主化和多极化进程。今天的世界再现分裂风险，时代呼唤中法重温建交初衷，携手维护联合国核心地位，倡导并践行真正的多边主义，抵制阵营对抗，共同应对全球性挑战。博纳表示，法中在两国元首引领下建立全面和具有全球意义的战略伙伴关系，为世界和平稳定做出了贡献。法方重视发展对华关系，重视中国在世界上的地位和作用，对中国经济有信心，无意限制中国发展。面对世界分裂的风险，法中应加强合作，发挥安理会常任理事国的作用，引领方向，促进团结，应对挑战。双方可就可持续发展、生物多样性、应对气候变化等事关全球利益的问题密切协调，加强南北交流，促进东西对话，实现世界共同发展。双方一致同意规划好 2024 年中法建交 60 周年庆祝活动，深化各领域合作，加强人文交流，增进相互了解，为两国人民带来更多福祉。

2023 年 11 月 24 日，法国外交部长科隆纳访华，参加中法高级别人文交流机制第六次会议。双方一致同意落实好两国元首达成的重要共识，以中法建交 60 周年和文化旅游年为契机，推动两国人文交流释放更大活力，取得更多成果。王毅表示，中法要全面深化人文交流，增进民众间的相互了解，为中欧乃至全球文明交流发挥积极示范作用。科隆纳对中方为法方人员赴华提供便利表示感谢，表示双方将全面恢复法中人文交流，积极推进各领域合作取得实实在在的成就，法方将继续将人文交流作为合作优先事项，推进互利互惠交往。

（四）民间交往全面恢复

中法民间交往并未因疫情影响而完全停滞，除了在防疫、卫生领域的密切合作之外，双方还持续释放积极信号，推动双边贸易额创下新高。

2019 年 11 月，马克龙总统率团访华期间，参加了在上海举办的第二届中国国际进口博览会。2022 年 7 月，第二届中国国际消费品博览会在海南海口举办，法国作为主宾国，组织了 200 多个品牌参展，这表明法国商家看好中国的消费潜力和市场机遇。2024 年，法国受邀成为中国国际服务贸易交易会和第七届中国国际进口博览会的主宾国。

疫情期间，中法人文交流大部分转至线上。2023 年 4 月 5 日，第十七届中法文化之春开幕式在北京红砖美术馆隆重举行，马克龙总统亲临现场为活动揭幕。这是疫情后首次在线下举办的中法文化之春活动，活动持续时间为 4 月至 7 月，其间，中国 20 多座城市开展了超过 65 个文化交流项目。同年 10 月，法国戛纳秋季电视节在法国南部海滨城市戛纳开幕，中国担任本届电视节主宾国。这是继 2018 年后，中国再次以主宾国身份亮相戛纳电视节。通过组织高峰论坛、作品推介会、中国联合展台等形式的活动，助力中国影视精品“组团出海”。法国音乐剧《罗密欧与朱丽叶》《巴黎圣母院》《悲惨世界》等剧目相继在中国主要城市上演。与此同时，两国在教育、科学、文化、卫生、体育、旅游、媒体等多个领域的交流活动也蓬勃开展，为中法关系全面发展注入了活力。

（五）中法在全球治理方面的合作

中法两国坚定地支持以联合国为核心、以国际法为基本准则的多边主义和全球治理体系，致力于建设公平公正的多极化世界，在多边外交、停火止战、和平重建、解决人道主义危机、扩大开放合作、促进经贸交往、保护产业链供应链安全、推动气候与生物多样性全球治理等关键议题上开展了密切合作。

中法两国致力于推动全球安全与稳定，坚决反对霸权主义和霸凌行径，主张发挥安理会常任理事国的作用，倡导通过对话解决分歧和争端。面对 2022 年 2 月爆发的俄乌冲突，中法两国元首多次进行电话和视频会议沟通，就相关问题立场进行澄清，并在多个关键议题上交换意见，包括通过外交途径实现停火、恢复和平谈判、保障黑海粮食外运和地区粮食安全、提供人道主义援助、保护战争难民的人权、推动战后重建等。此外，中法两国还在多边外交场合展开积极斡旋，为缓解冲突、恢复地区和平与稳定贡献了重要力量。

同时，中法两国主张携手合作，共同应对全球性挑战，在维护世界粮食市场稳定，支持多边贸易体制，营造公平公正、互利共赢和非歧视的贸易与投资环境等方面开展合作。两国支持世贸组织进行必要的改革，以增强其有效性和权威性，更好地应对当前和未来的挑战。2021 年，中法贸易额首次突破 800 亿美元大关，体现了两国在供应链与市场优势结合上的深度融合。两国在绿色经济和数字化转型方面的合作持续加深，合作领域更加多元化。

中法两国在气候变化和生物多样性保护领域是重要的合作伙伴。在碳达峰、碳中和目标上，两国相互表达赞赏并给予坚定支持。在国际多边合作框架下，两国展现出高度的战略互信：法国支持中国举办的昆明–蒙特利尔《生物多样性公约》第十五次缔约方大会，中国支持法国办好 2025 年联合国海洋大会。两国确立气候、生物多样性和土地退化防治为两国共同优先事项，相互通报国家战略，重申各自承诺，支持有助于生态转型的融资，致力于海洋保护，反对塑料污染，支持可持续管理森林生态系统，推动发展中国家实现更加公正的能源转型。此外，两国同意共同维护《巴黎协定》的制度框架，支持联合国气候变化迪拜大会取得成功。

三、结语

展望 2024 年，中法双方将以建交 60 周年为契机，继续加强高层交往。双方将始终照顾彼此的核心利益，在关键议题上相互支持，推动全面战略伙伴关系落到实处。双方将积极落实全球发展倡议、全球安全倡议和全球文明倡议，共同推动构建人类命运共同体。在经贸和文化领域，双方将继续开展更广泛和深入的交流与合作，秉持相互尊重、互利共赢的原则，充分利用签证便利化的政策红利，推动中法文化旅游年顺利举办。中方将支持法国办好巴黎奥运会，助力中法人文交流迈上新台阶。作为新型大国关系的典范和表率，中法关系的健康发展将为两国、中欧乃至全球经济繁荣注入新动力。

回顾历史，中法两国因独立自主、相互信任而建交。展望未来，中法两国将继续秉持“独立自主、相互理解、高瞻远瞩、互利共赢”的建交精神，传承传统，续写友谊，相互尊重，同舟共济，为实现构建人类命运共同体的目标发挥更加重要的作用。